Reinhard Spincke · Leiterschaft mit Herz

Reinhard Spincke

Leiterschaft mit Herz

Die Starthilfe für haupt- und ehrenamtliche Mitarbeiter in der Gemeinde

scm R.Brockhaus

Wenn nicht anders angegeben, werden Bibelstellen nach der *Gute Nachricht Bibel* zitiert (revidierte Fassung von 1997 der »Bibel in heutigem Deutsch«, durchgesehene Ausgabe in neuer Rechtschreibung, © 2000 Deutsche Bibelgesellschaft, Stuttgart).
Bibelstellen, die nach anderen Übersetzungen zitiert werden, sind wie folgt gekennzeichnet:
LUT: Lutherbibel, revidierter Text 1984, durchgesehene Ausgabe in neuer Rechtschreibung, © 1999, Deutsche Bibelgesellschaft, Stuttgart.
ELB: Elberfelder Bibel, © 1985/1991/2006, R. Brockhaus Verlag Wuppertal.

Illustrationen: Andreas Gerhardt, Lahnau bei Wetzlar
Umschlag: krausswerbeagentur.de
Satz: Breklumer Print-Service, Breklum
Druck: Ebner & Spiegel, Ulm
Best.-Nr. 226.209
ISBN 978-3-417-26209-4

Inhalt

Einleitung

Bibelschulen und theologische Ausbildungsstätten in Deutschland erleben zurzeit einen starken Boom. In vielen Gemeinden bringt eine neue Leitergeneration mit Begeisterung ihre Gaben und Fähigkeiten ein. An anderen Orten gründen junge Familien Gemeinden und erleben dabei einen starken Zulauf. Diese Leiter setzen sich mit ihrem ganzen Herzen für Gottes Reich ein. Es ist ein Geschenk, solche Mitarbeiter aus nächster Nähe erleben zu können.

Nicht schön ist es aber, dass ein großer Teil dieser jungen Leute nach drei bis fünf Jahren enttäuscht aussteigt und damit nicht nur seine Aufgaben, sondern oft genug auch den Glauben selbst hinter sich lässt. Hinter jeder einzelnen Geschichte steht eine große Enttäuschung, eine geistliche Tragödie. Für Gottes Reich entsteht ein großer Schaden, weil zu viele junge christliche Leiter scheitern.

Was können wir tun, damit auf einen schönen Anfang nicht ein abruptes Ende der Mitarbeit in Gottes Reich erfolgt? Genau auf diese Fragen gibt das vorliegende Buch Antworten und liefert Starthilfen für ehren- und hauptamtliche Mitarbeiter.

Das Buch ist sowohl für den neuen Hauskreisleiter gedacht, der zum ersten Mal eine leitende Funktion in der Gemeinde übernimmt, wie auch für den vollzeitlichen Mitarbeiter in Gemeinde, Mission oder Diakonie, der am Beginn seiner beruflichen Entwicklung steht. Viele Fragen und Prozesse sind hier gleich, auch wenn der vollzeitliche Mitarbeiter sie vermutlich intensiver wahrnimmt.

Es ist auch nicht entscheidend, ob man aus einer Freikirche kommt, wie der Autor, oder aus einer Landeskirche, denn auch hier stehen junge Mitarbeiter vor denselben Einstiegsproblemen. Das Buch richtet sich zwar in erster Linie an junge Christen, die zum ersten Mal in einer verantwortungsvollen Aufgabe stehen. Wichtige Impulse werden aber auch die mitnehmen können, die bereits Leitungserfahrung haben, nun aber vor einer neuen Leitungsaufgabe stehen.

Das Buch ist als ein Arbeitsbuch konzipiert, darum folgen im Anschluss an jedes Kapitel Fragen zum persönlichen Weiterdenken. Besonders freuen würde es mich, wenn der Leser das Buch nicht nur für sich persönlich liest, sondern es mit einer anderen Person oder sogar im ganzen Mitarbeiterkreis durcharbeitet.

Witten, im August 2007
Reinhard Spincke

Für Fragen und Anregungen zu diesem Buch bin ich Ihnen dankbar.
Meine E-Mail-Adresse lautet: *Reinhard.Spincke@feg.de*

Kapitel 1: Mitarbeiter sein – eine große Herausforderung und eine schöne Berufung

Ein Prediger sitzt an der Vorbereitung seiner Predigt. Sein Sohn sieht zu und fragt: »Woher weißt du eigentlich, was du alles schreiben sollst?« »Das sagt mir dcr liebe Gott.« Darauf der Sohn: »Und warum korrigierst du so viel?«

DER MITARBEITER STEHT ZWISCHEN HIMMEL UND ERDE.

Diese kleine Geschichte zeigt etwas von der Spannung, in der jeder Mitarbeiter im Reich Gottes steht: Auf der einen Seite haben wir es mit einer himmlischen Berufung und einem himmlischen Chef zu tun, einer himmlischen Perspektive, einem himmlischen Auftrag, auf der anderen Seite sind wir Menschen und haben es mit Menschen zu tun. Nur allzu oft sind wir in unserer Mitarbeit mit menschlichen Hindernissen beschäftigt. Mitarbeiter sein ist beides: eine große Herausforderung und eine schöne Berufung!

Wenden wir uns zunächst der positiven Seite der Mitarbeit zu. Warum ist Mitarbeiter sein eine schöne Berufung?

A. Mitarbeiter sein – eine schöne Berufung

1. Positive Erfahrungen führen in die Mitarbeit

Die meisten Mitarbeiter bringen positive Erfahrungen mit, wenn sie in die Mitarbeit einsteigen:

Sie haben Menschen erlebt, die ihnen mit ihrer Mitarbeit gedient haben und ihnen als Personen Vorbilder wurden.

- ▶ Sie haben von Gottes bedingungsloser Liebe in Jesus Christus gehört.
- ▶ Sie haben gehört, dass Gottes Wort ihnen tragfähige Orientierung für ihr Leben gibt.
- ▶ Sie haben eine Gemeinschaft erlebt, in der sie angenommen und gebraucht wurden.
- ▶ Sie spüren, dass ihr Einsatz sich lohnt, weil sie Ermutigung in ihrer Mitarbeit erfahren.

Natürlich gibt es auch einzelne Menschen und ganze Gemeinden, die nicht mit positiven Erfahrungen, sondern mit Druck versuchen, Menschen in die Mitarbeit zu zwingen:

Mitarbeiter sein ist beides: eine große Herausforderung und eine schöne Berufung!

- ▶ Wenn du wirklich mit Jesus lebst, musst du dich mehr einsetzen.
- ▶ Du bist schuld, wenn wir unsere Arbeit einstellen müssen.
- ▶ Du bist schuld, wenn ich mich überarbeite und persönlichen Schaden nehme.

Solche Druckmethoden wirken meist nur kurzfristig und erreichen vor allem die Personen, die sich leicht ein schlechtes Gewissen machen lassen. Starke Persönlichkeiten durchschauen das Spiel schnell und werden ihre Mitarbeit verweigern. Der Einstieg in die Mitarbeit erfolgt nur dann in rechter Weise, wenn er ohne menschlichen Druck erfolgt. Schließlich ist Gott selbst der Auftraggeber und Dienstherr für jeden Mitarbeiter. Er meint es in jedem Fall gut mit uns.

2. Mitarbeiter haben Gott als obersten Dienstherrn

Während wir bei Menschen nie ganz sicher sein können, warum sie uns zur Arbeit treiben wollen, ist es bei Gott offensichtlich, dass er unser Bestes will. Er hat es in Jesus Christus bereits gezeigt. Er hat ihn auf die Erde und ans Kreuz geschickt, damit wir leben können. Ein weiterer Beweis der Liebe Gottes ist an sich nicht nötig, dennoch gibt er seinen Mitarbeitern großartige Verheißungen:

- Gott sorgt auch materiell für seine Mitarbeiter (Matthäus 6,33).
- Gott schenkt seinen Mitarbeitern die Fähigkeiten, mit denen sie ihm dienen sollen. Er überfordert sie nicht (1. Petrus 4,10).
- Gott verspricht seinen Mitarbeitern hundertfachen Lohn für alles, was sie um seinetwillen aufgeben (Matthäus 19,29).
- Gott trägt als oberster Dienstherr die letzte Verantwortung für das Gelingen der Mitarbeit (1. Korinther 3,5-7).

Weil Gott die letzte Verantwortung trägt, müssen wir auch nicht pausenlos für Gott arbeiten. Gottes Interesse gilt zuerst der Beziehung zu mir und nicht meiner Leistung für ihn.

Magnus Malm schreibt dazu:

> Die Hauptaufgabe eines leitenden Christen kann niemals sein, Gottes Wort zu predigen. Sie besteht darin, auf Gottes Wort zu hören. (...) Was die Erde für den Baum ist, ist die Stille für die Seele. (...) Je größere öffentliche Verantwortung und Einfluss wir haben, umso wesentlicher wird ein reiches verborgenes Leben, zu dem nur Gott den Schlüssel hat. Der Versuch, erst die halbe Welt in Ordnung zu bringen, bevor ich mich zu Jesu Füßen setzen kann, führt nur dazu, dass ich nie zu ihm komme. (...) Es gilt also nicht nur das Böse, Zerstörerische auszusortieren, sondern auch das Gute, aber Ablenkende.[1]

Gott möchte also, dass ich unabhängig von meiner Mitarbeit die Freundschaft und Liebe zu ihm pflege.

3. Mitarbeit ist eine Aufgabe mit Ewigkeitswert

Wir leben in einer Zeit mit kurzfristigen Zielsetzungen, die Menschen oftmals unter starken Druck bringen. Auch Gemeinden stehen unter dem Einfluss kurzfristiger Trends und Zielsetzungen.

Die Gemeinde Jesu, in der wir uns einbringen, ist trotz all ihrer Fehler und Schwächen die einzige irdische Institution, die es auch im Himmel geben wird.

Dennoch dienen wir als Mitarbeiter in Gottes Reich dem Herrn, der über Zeit und Raum steht. Unsere schöne Aufgabe als Mitarbeiter besteht darin, Menschen in Gottes Ewigkeit einzuladen – wir sind beauftragt, »den Himmel zu bevölkern«. Stellen Sie sich einmal vor, Sie treffen später im Himmel Menschen, die sagen: Ich bin hier, weil er mir in der entscheidenden Situation meines Lebens eine wichtige Hilfe gab. Oder: Ich bin hier, weil sie mich zum richtigen Zeitpunkt auf Jesus angesprochen hat.

Im Unterschied zu den vielen anderen Aufgaben im Leben, deren Bedeutung so schnell vergeht, hat alles, was wir

1 Malm, Gott will keine Helden, Auszüge aus S. 112-115.

für Jesus tun, Ewigkeitswert. Die Gemeinde Jesu, in der wir uns einbringen, ist trotz all ihrer Fehler und Schwächen die einzige irdische Institution, die es auch im Himmel geben wird.

Die Mitarbeit in der Gemeinde Jesu und der Einsatz für sein Reich haben darum eine besondere Würde!

Weil wir eine Aufgabe mit Ewigkeitswert haben, müssen wir nicht gleich im ersten Jahr der Mitarbeit alles erreichen. Wir dürfen auch damit rechnen, dass Gott mehr wirkt, als wir mit unseren Augen sehen können.

4. Mitarbeit ist eine Aufgabe an und mit Menschen

Mitarbeiter im Reich Gottes haben (fast) immer mit Menschen zu tun. Aus diesem Grund entstehen durch die Mitarbeit viele Freundschaften ... und auch Ehen! Die gemeinsame Arbeit ist eine gute Gelegenheit, um den Charakter und die Begabungen des anderen kennenzulernen. Mitarbeit als gemeinsame Leidenschaft stärkt die Beziehung. Viele Mitarbeiter erwerben sich außerdem durch ihre ehrenamtliche Mitarbeit eine Teamfähigkeit und eine soziale Kompetenz, die sie auch in ihrer beruflichen Entwicklung weiterbringen. Welcher leitende Angestellte hat nicht festgestellt, dass er die zwischenmenschlichen Probleme aus seinem Beruf bereits aus seiner Mitarbeit in der Gemeinde kennt? Dies ist ein echter Erfahrungsvorteil!

Nein, Mitarbeit im Reich Gottes kostet nicht nur Zeit (und oft auch Geld) – sie beschert einen unermesslichen Reichtum an menschlichen Beziehungen.

Weil Mitarbeit im Reich Gottes mit Menschen zu tun hat, ist es wichtig, diese Menschen zu lieben. Schon Charles H. Spurgeon, der große englische Erweckungsprediger des 19. Jahrhunderts, der seine Prediger als Seelengewinner bezeichnete, wusste zu sagen:

> Ein Seelengewinner muss augenscheinlich Liebe für seine Hörer haben. Es ist traurig, wenn der ganze Dienst wirkungslos bleibt aus Mangel an Herz. Sie sollten ein großes Herz haben, weit wie der Hafen in Portsmouth oder Plymouth, sodass alle in ihrer Gemeinde kommen könnten und da Anker werfen und fühlen, dass sie auf der windgeschützten Seite eines großen Felsen wären. (...) Ich mag gern eine Spur von etwas Menschlichem irgendwo an einem Mann sehen. Jene Männer, die sich abschließen wie Einsiedler und ein vermeintlich geheiligtes Leben der Selbstverzehrung führen, werden wahrscheinlich keinen Einfluss in der Welt haben und nichts zum Wohle ihrer Mitgeschöpfe beitragen. Sie müssen die Menschen lieben und sich unter sie mischen, wenn Sie ihnen dienen wollen. Seien Sie Mensch unter Menschen; halten Sie sich rein von allen ihren Fehlern und Lastern, aber verkehren Sie mit ihnen in vollkommener Liebe und Teilnahme.[2]

Der Mitarbeiter hat nicht nur im Hinblick auf die Mitglieder seiner Gruppe die Gelegenheit, Beziehungen zu pflegen. Der Kreis der Mitarbeiter vor Ort sowie überörtliche Mitarbeitertreffen bieten die Möglichkeit, Freundschaften aufzubauen, von anderen Personen zu lernen und so den eigenen Horizont zu erweitern. Wer sich als Mitarbeiter einbringt, ist in aller Regel nicht einsam, sondern reich an Beziehungen!

5. Mitarbeit ist eine Frage der Persönlichkeit

Mitarbeiter sein ist immer eine ganz persönliche Angelegenheit. Mitarbeiter prägen nicht durch formelle Macht, nicht durch Gesetze, sondern vor allem durch ihre Persönlichkeit.

Wenn ich darüber nachdenke, wer mir die Liebe zu Jesus vorgelebt hat, fällt mir meine allererste Kinderstundentante ein. Ich war ungefähr fünf Jahre alt und tieftraurig, als sie bei

---

2 Spurgeon, Ratschläge für Seelengewinner, aus dem Kapitel: Erfordernisse für das Seelengewinnen in Beziehung auf die Menschen.

uns aufhören musste, weil sie in eine andere Gemeinde wechselte. Ich kann mich zwar an keine einzige Kinderstunde mehr konkret erinnern, aber die Liebe zu Jesus, die sie ausstrahlte, und die Freude, die ich als Kind in diesen Stunden erlebte, haben sich mir tief eingeprägt.

Genau darin liegt der Reiz der Mitarbeit in Gottes Reich: Es kommt nicht zuerst auf außergewöhnliche Fähigkeiten an, sondern auf die Persönlichkeit. Mitarbeiter können ihre Mitarbeit von den Arbeitsschwerpunkten her oft sehr individuell füllen. Entscheidend ist, dass die Menschen, um die wir uns mühen, etwas von unserer Liebe zu Jesus Christus spüren. Mitarbeit bietet also die Chance, die geistliche Persönlichkeit und die Liebe zu Jesus weiterzuentwickeln.

6. Mitarbeiter werden dringend gebraucht

In den christlichen Gemeinden und Werken geht nichts ohne Mitarbeiter. Wer sich einbringt, egal ob voll- oder ehrenamtlich, hat durch seinen Einsatz die Möglichkeit zu gestalten.

EIN MITARBEITER MUSS NIE ÜBER LANGEWEILE KLAGEN.

Mitarbeiter im Reich Gottes müssen nie über Langeweile klagen, denn schließlich gibt es immer etwas zu tun.

Mitarbeiter erfahren häufig Respekt und Anerkennung von Menschen, auch wenn wir in Deutschland keine ausgeprägte Kultur des Lobens haben (daran muss noch gearbeitet werden!). Dennoch gilt schon jetzt: Wer sich in seiner Mitarbeit bewährt, gewinnt das Vertrauen von Menschen und bekommt Leitungsverantwortung übertragen, an der er weiter wachsen kann.

Mitarbeiter im Reich Gottes müssen nie über Langeweile klagen, denn schließlich gibt es immer etwas zu tun. Jesus selbst fordert darum seine Jünger auf, für mehr Mitarbeiter zu beten (Matthäus 9,38).

Dieser Bitte um mehr voll- und ehrenamtliche Mitarbeiter sollten wir uns anschließen. Wir wollen darum auch darauf achten, dass wir keine aktuellen Mitarbeiter verlieren, weil sie an ihren Herausforderungen zerbrechen.

B. Mitarbeiter sein – eine große Herausforderung

Was sind die Gründe, die dazu führen, dass immer wieder Mitarbeiter enttäuscht und frustriert aus ihrem Dienst ausscheiden? Was können wir tun, um die Anzahl der ausgebrannten und enttäuschten Mitarbeiter zu minimieren? Wir wollen auf diese Fragen antworten, indem wir uns die Herausforderungen anschauen, unter denen Mitarbeiter heute stehen.

1. Zerplatzte Ideale

Da ist die zwanzigjährige Jugendmitarbeiterin, die sich seit zwei Jahren mit großer Hingabe für ihre Jugendlichen einsetzt. Jedes Wochenende investiert sie in die Jugendlichen. Jede freie Minute macht sie sich Gedanken, wie die Jugendarbeit noch kreativer werden kann, wie der Glaube der Jugendlichen feste Wurzeln schlagen kann, damit sie weiter wachsen. Aber sie hat den Eindruck, dass sie allein kämpfen muss. Die erhoffte Unterstützung für ihre Arbeit durch die Gemeindeleitung ist bisher ausgeblieben. Das letzte Gespräch mit der Gemeindeleitung war eine einzige Enttäuschung für sie. In den letzten Wochen nimmt die Kritik an der musikalischen Gestaltung der Gottesdienste durch das jugendliche Singteam zu.

Die Jugendmitarbeiterin ist frustriert und überlegt hinzuschmeißen.

Da ist der 72-jährige ehemalige Älteste. Über drei Jahrzehnte hat er die Gemeinde entscheidend geprägt. Seine Meinung war der Gemeinde oft wichtiger als die der fünf Pastoren, die er in dieser Zeit miterlebt hat. Sein Einsatz war neben der beruflichen Belastung als leitender Angestellter wirklich aufopferungsvoll. Nicht selten hat auch seine Familie zurückstehen müssen. Mit siebzig Jahren ist er aus seinem Amt ausgeschieden. Die neuen, jungen Ältesten setzen andere Schwerpunkte und fahren einen neuen Kurs. Er wird nicht einmal mehr gefragt. Verbittert zieht er sich zurück. Nur gelegentlich – und dann kritisch – äußert er sich in privaten Gesprächen zu den neuen Entwicklungen in der Gemeinde.

Jeder Mitarbeiter erlebt Rückschläge. Menschen, die einem anfangs wohlgesinnt waren, fangen an, Kritik zu äußern. Andere Mitarbeiter halten wichtige Absprachen nicht ein, und nicht zuletzt leiden wir an unseren eigenen Fehlern.

Nur wer Rückschläge verkraften und an Niederlagen geistlich wachsen und reifen kann, wird als Mitarbeiter in diesem Dienst bestehen.

Mose, der große Führer des Volkes Israel, musste viel Kritik ertragen und mancherlei zerplatzte Ideale verkraften. Dennoch scheiterte er nicht, weil er Demut gelernt hatte. Von ihm heißt es in 4. Mose 12,3 (LUT): *»Aber Mose war ein sehr demütiger Mensch, mehr als alle Menschen auf Erden.«*

Demut im Sinne der Bibel hat nichts mit falscher Unterwürfigkeit oder Selbstverachtung zu tun. Das Theologische Begriffslexikon formuliert treffend: »Im Kern aber leitet [die Demut] sich aus dem Verhältnis des Menschen zu Gott her: Wo der Mensch sich und die anderen unter die Hand Gottes gestellt sieht und anerkennt, dass das Urteil über den eigenen Rang und Wert ihm nicht selbst zusteht, da lebt er in Demut.«[3] Demut zu lernen scheint eine wichtige Lebenslektion, die Gott jedem seiner Mitarbeiter zumutet. Nur wenn wir sie lernen, endet unser Dienst nicht frühzeitig oder in Verbitterung.

2. Glaubenskrisen

Mitarbeit gerät nicht nur durch Anfechtungen von außen in die Krise, sondern ebenso durch Zweifel und Anfechtungen aus unserem Innern. Was ist, wenn Krankheit oder Familienkrisen den eigenen Glauben durcheinanderwirbeln? Wie sollen Mitarbeiter damit umgehen, wenn sie Fragen oder Zweifel an der Bibel haben?

An dieser Stelle haben es ehrenamtliche Mitarbeiter sicher etwas leichter sich zurückzuziehen als hauptamtliche Mitarbeiter, deren Broterwerb die Verkündigung ist. Aber liegt die Lösung denn überhaupt im Rückzug? Oft verunsichert dieser Rückzug noch stärker und führt zu einer weiteren Distanzierung von Gott, seinem Wort und seiner Gemeinde.

Mitarbeiter, die in Glaubenskrisen geraten, brauchen Freunde und Seelsorger, mit denen sie ganz offen über ihre Situation sprechen können. Sie müssen wissen, dass eine Glaubenskrise nicht sofort und automatisch den Ausstieg aus der Mitarbeit bedeuten muss. Natürlich ist ein Mitarbeiter unglaubwürdig, der dauerhaft Dinge verkündigt, hinter denen er nicht mit seinem Leben und seinen Überzeugungen steht. Andererseits zeigt die Bibel, dass Gott nicht jeden Mitarbeiter, der in eine Krise geraten ist, fallen gelassen hat. Kö-

3 Theologisches Begriffslexikon, S. 179.

nig David, der Prophet Elia oder auch die Jünger Petrus und Thomas reiften durch ihre Krisen im Glauben und wurden zu viel besseren Werkzeugen Gottes.

Der zeitlich begrenzte Ausstieg aus der Mitarbeit ist da sinnvoll, wo nötige Klärungsprozesse Zeit und Kraft so stark beanspruchen, dass eine Mitarbeit nicht möglich ist.

Ein dauerhafter Ausstieg ist nur dann nötig, wenn eine gemeinsame Zusammenarbeit mit den anderen Mitarbeitern nicht mehr möglich ist, zum Beispiel weil das Vertrauen zerstört ist oder die gemeinsame Glaubensgrundlage fehlt.

Bevor über diese Fragen aber nachgedacht wird, sollten wir erst einmal überlegen, wie wir dem Mitarbeiter durch seine Krise hindurch helfen, damit sein Glaube gestärkt wird. Nach überstandener Krise wird der Mitarbeiter mit neuer Hingabe und gewachsener Reife Gott dienen können.

3. Verlust der Perspektive

Während manche Krisen schnell offensichtlich werden, sind andere eher schleichend. Da trifft sich eine Gemeindeleitung routinemäßig, um die anstehenden Tagesordnungspunkte abzuarbeiten, aber niemand weiß, in welche Richtung die Gemeinde sich entwickeln soll und wie die große Perspektive aussieht. Solch eine Krise kann sich über Jahre hinziehen, ohne dass dies augenfällig wird. Allerdings ist kaum zu erwarten, dass es in so einer Gemeinde zu Aufbruch und Wachstum kommt.

Auch wenn es anstrengend und mühsam ist: Mitarbeiter müssen immer wieder die Frage nach ihren Zielen, Träumen und ihrer Perspektive stellen. Dass man das Programm am Laufen hält, weil man es eben so gewohnt ist, und sich immer wieder um dieselben Probleme dreht, ist häufig die Ursache dafür, dass Mitarbeiter ermüden oder aus der Mitarbeit aussteigen und sich keine neuen Mitarbeiter finden.

Ein Antoine de Saint-Exupéry zugeschriebener Ausspruch zeigt, wie motivierend eine schöne Perspektive für die Mitar-

Mitarbeiter müssen immer wieder die Frage nach ihren Zielen, Träumen und ihrer Perspektive stellen.

beit ist: »Wenn du ein Schiff bauen willst, so trommle nicht Männer zusammen, um Holz zu beschaffen Werkzeuge vorzubereiten, Aufgaben zu vergeben und die Arbeit einzuteilen, sondern lehre die Männer die Sehnsucht nach dem weiten, endlosen Meer.«

Jesus hat seine Jünger immer wieder ermuntert, die große Perspektive in ihrem Dienst zu behalten und sie nicht durch Alltagssorgen oder Ähnliches unterdrücken zu lassen. Darum sagt er ihnen in Matthäus 6,33: *»Sorgt euch zuerst darum, dass ihr euch seiner Herrschaft unterstellt und tut, was er verlangt, dann wird er euch schon mit all dem anderen versorgen.«*

Wo die Perspektive der Herrschaft Gottes in der Mitarbeit zurückkehrt, kehrt die Freude an der Mitarbeit zurück – trotz aller Schwierigkeiten auch mit Menschen.

4. Schwierigkeiten mit Menschen

»Das Schönste in meinem Dienst waren Menschen, und sie waren zugleich auch das Schwerste«, zitiert Dünnebeil[4] einen Pastor, dem die Begegnung mit seinen Zeitgenossen nicht nur Freude, sondern auch manche Probleme bereitete. Es ist enttäuschend für Mitarbeiter, wenn sie Zeit und Kraft in andere Menschen investieren und diese ihren guten Rat ablehnen. Nicht nur Gott, sondern auch vielen Mitarbeitern blutet das Herz, wenn Menschen sich gegen das Evangelium entscheiden, eigene Wege gehen und so ihr Glück und Heil aufs Spiel setzen.

Weil es Mitarbeitern im Reich Gottes um die ewige Rettung von Menschen geht, kann es sie mürbe machen, wenn sie so wenig Erfolg sehen. »Was machen wir falsch, warum segnet Gott unseren Dienst nicht sichtbarer?«, fragen verständlicherweise manche müde gewordenen Mitarbeiter.

4 Dünnebeil, Pastor sein ist auch nicht leicht, S. 42.

Noch gravierender sind allerdings Konflikte zwischen den Mitarbeitern. Wenn Konflikte nicht konstruktiv geführt werden, entziehen Mitarbeiter sich durch Streitigkeiten gegenseitig genau die Kraft, die sie für ihre eigentliche Mitarbeit brauchen. Das Resultat ist nur allzu oft, dass insbesondere ehrenamtliche Mitarbeiter sich aus der Arbeit zurückziehen und die gesamte Arbeit in Gefahr gerät.

MITARBEITER ENTZIEHEN SICH DURCH STREITIGKEITEN GEGENSEITIG DIE KRAFT.

Weil die Beziehungen so wichtig sind, müssen sie in der Gemeindeleitung, im Mitarbeiterkreis und der gesamten Gemeinde immer wieder thematisiert und gepflegt werden. Wir brauchen als Mitarbeiter zweckfreie Zeiten miteinander, in denen wir einfach miteinander reden, beten, feiern und uns aneinander freuen. Dies wird nicht dazu führen, dass es keine Schwierigkeiten mehr untereinander gibt, aber es macht diese Schwierigkeiten erträglicher.

Schwierigkeiten mit Menschen sind nicht immer nur eine Anfechtung. Manchmal sind sie auch Gottes Erziehungsmittel, mit dem er uns persönlich formen will. Gerade schwierigen Menschen haben wir manchmal das Erlernen von Geduld sowie ein intensiveres Gebetsleben zu verdanken. Nicht selten weisen schwierige Menschen mit ihrer – nicht immer freundlich formulierten – Kritik auf tatsächliche Schwachstellen in unseren Gemeinden und Werken hin. Darum sollten wir ihre Stimme hören und ernst nehmen.

5. Umgang mit Lob und Kritik

Da Mitarbeiter im Reich Gottes es grundsätzlich gut meinen und einander in Liebe begegnen wollen, tun wir uns in der liebevollen Korrektur schwer miteinander. Hinzu kommt, dass ehrenamtliche Mitarbeiter keine und hauptamtliche Mitarbeiter meist eine eher bescheidene Bezahlung erhalten. Darf man sie da auch noch kritisieren? Mein Eindruck ist, dass wir in vielen Gemeinden weder eine Kultur des Lobes noch eine Kultur der konstruktiven Kritik haben. Zum geistlichen Wachstum brauchen wir aber beides. Wir brauchen Menschen, die uns wohlgesinnt sind, unsere Arbeit kompetent beurteilen und uns eine verlässliche Rückmeldung geben. Wie wir solche Menschen finden und mit welchen Methoden sie uns Rückmeldung geben können – dazu mehr in Kapitel 5.

6. Ehe und Familie des Mitarbeiters

Familie, Beruf und Gemeinde unter einen Hut zu bringen ist für Mitarbeiter in der Gemeinde oft eine große Herausforderung. Viele der fähigsten Mitarbeiter sind auch in ihrem Beruf in leitender Stellung tätig und somit stark gefordert. Wenn sie sich zudem noch in der Phase der Familiengründung befinden, ist die zeitliche und kräftemäßige Belastung sehr hoch. Diese Situation sollte nicht durch zusätzlichen frommen Druck aus der Gemeinde verstärkt werden.

Bei hauptamtlichen Mitarbeitern besteht häufig in der Abgrenzung von Familie und Dienst sowie in den teilweise familienunfreundlichen Arbeitszeiten ein Problem. Hier muss für Ausgleich gesorgt werden, denn wir brauchen Freiraum für Ehe, Familie und Freunde. Dies musste ich lernen, als ich im Alter von 30 Jahren heiratete, nachdem ich bereits gute zwei Jahre im Dienst war. Als eingefleischter Junggeselle hatte ich mir angewöhnt, ständig dienstbereit und auf Achse zu sein. Ich musste ja auch auf niemanden Rücksicht nehmen. Dies änderte sich auch durch meine Heirat noch nicht grundsätzlich. Meine Frau war ebenso wie ich gern in der Gemeinde unterwegs, hatte einen guten Freundeskreis und war durch ihre Ausbildung zeitlich ausgelastet. Der entscheidende Einschnitt kam mit unserem ersten Kind. Ich war weiterhin auf Achse, meine Frau aber ans Zuhause gebunden. Erst als einige Zeit verstrichen war und meine Frau in eine gesundheitliche Krise geriet, merkte ich, dass ich meinen Dienstrhythmus tatsächlich dauerhaft umstellen musste. Dies gelang mir aber erst nach einem Stellenwechsel in eine andere Gemeindearbeit.

Ehe und Familie haben ein eigenes Recht und stellen gerade in unseren Tagen eine große Herausforderung dar. Dies muss sich in der Art und Weise unserer Mitarbeit zeigen. Der Apostel Paulus betont in 1. Timotheus 3,5 die geistliche Verantwortung von Mitarbeitern gegenüber ihrer Familie: *»Denn wenn jemand seine eigene Familie nicht zu leiten versteht, wie kann er dann die Sorge für die Gemeinde Gottes übernehmen?«* Magnus Malm hat recht, wenn er zu dieser Stelle schreibt:

Die positive Herausforderung besteht darin, Gemeinde, Familie und Beruf als Berufung Gottes zu verstehen.

»Unsere Fragen gehen jedoch eher in die umgekehrte Richtung: Wie kann jemand, der eine Gemeinde leitet, richtig für seine Familie sorgen? Wir erleben Familie und Gemeinde doch wie eine Art Wippe: Setzen wir uns auf das eine Ende, geht das andere in die Luft. Die richtige Balance zu finden scheint unmöglich, und mein schlechtes Gewissen landet mal auf der einen, mal auf der anderen Seite. Aber Paulus scheint das Verhältnis zwischen Familie und Gemeinde eher wie das zwischen Baum und Frucht zu sehen: Aus dem einen wächst das andere. Und für ihn gibt es keinen Zweifel, welches von den beiden das Grundlegende ist. Ehe und Familie sind im Neuen Testament nicht das Gegenteil christlicher Arbeit – sie sind selber eine christliche Arbeit und eine hochwichtige dazu!«[5]

Nun weiß ich aus eigener Beobachtung, dass es auch eine Gegenbewegung zur Vernachlässigung der Familie gibt: den Rückzug ins Private. Manche Gemeinden klagen zu Recht über Pastoren, deren Familien nicht in die Gemeinde eingebunden sind. In anderen Gemeinden lassen sich junge Familien praktisch gar nicht in verantwortliche Mitarbeit einbinden – die Last muss allein die ältere Generation tragen. Auch das ist kein guter Zustand. Die positive Herausforderung besteht darin, Gemeinde, Familie und Beruf als Berufung Gottes zu verstehen und den Einsatz für die verschiedenen Bereiche in eine geistlich gesunde Balance zu bringen.

7. Erfolg und Misserfolg

Erfolg und Misserfolg spielten schon bei den zwölf Jüngern Jesu eine wichtige Rolle. Während Misserfolg die sauren Anfechtungen von Neid, Selbstzweifeln bis hin zur Depression zur Folge haben kann, birgt Erfolg die Gefahren der Ehrsucht, Verachtung für Schwache und der Selbstüberschätzung. Es ist wichtig, diese Themen nicht auszublenden, sondern ihre Gefahren zu benennen. Magnus Malm benennt folgende typische Sünden von Mitarbeitern[6]:

- Neid auf die Erfolge von Kollegen:
  »Als Streber hast du ein reiches Tätigkeitsfeld, auch nachdem du dein Ziel erreicht hast. Noch immer kannst du versuchen, andere daran zu hindern, befähigter zu werden.« (Dag Hammarskjöld)

---

5 Malm, S. 197.
6 Malm, S. 74-76.

- ▶ Dominanz und Unterdrückung:
  Als geistlicher Leiter habe ich zu dem Vertrauen und der Verletzbarkeit der Menschen einen Zugang, der mich dazu versuchen kann, sie zu beherrschen und auszunutzen.
- ▶ Verachtung für die Schwachen
  Da ein Führungsamt immer mit irgendeiner Form von Stärke einhergeht, öffnet sich damit die Versuchung, auf die Schwachen und Irrenden verächtlich herabzusehen.
- ▶ Ehrsucht (Markus 9,33-34)

Zusammengenommen bilden diese vier Punkte die Grundstruktur der Sünde ab: dass ich selber Gottes Platz und Ehre einnehmen will. Mitarbeiter brauchen Gelegenheit, um mit Freunden und Kollegen in einem geschützten Rahmen über diese Themen zu sprechen. Sie brauchen aber auch eine Gottesbeziehung, in der sie sich geliebt und getragen wissen, wo der Leistungsdruck aufhört und die Maske fällt. Ich darf als Mitarbeiter wissen, dass Gott mich persönlich liebt und die letzte Verantwortung für das Resultat meiner Arbeit trägt.

C. Mitarbeitersein – altbekannte und neue Voraussetzungen

Für hauptamtliche Mitarbeiter im Reich Gottes sind nach wie vor die klassischen »4 Bs« unerlässlich:

- ▶ **B**ekehrung: Es geht nicht um ein bestimmtes Datum, aber um das klare Zeugnis, dass Jesus Christus persönlicher Retter und Herr ist.
- ▶ **B**ewährung: Bevor jemand große Aufgaben anvertraut bekommt, soll er sich in kleinen Aufgaben treu bewährt haben. Auch der Charakter und persönliche Lebensstil sollen zeigen, dass Jesus der Herr ist.

Die klassischen »4 Bs«: Bekehrung – Bewährung – Berufung – Begabung

- **B**erufung: Die klare Berufung Jesu trägt seine Mitarbeiter auch durch stürmische Zeiten hindurch. Die Berufung ist dabei kein Privatereignis zwischen Gott und mir, sondern muss von der Gemeinde bestätigt werden.
- **B**egabung: Die Begabung soll sich in der ehrenamtlichen Mitarbeit bereits gezeigt haben und in der theologischen Ausbildung bestätigen. Auch wenn die Schwerpunkte im konkreten Dienst sehr unterschiedlich sein können, sind meines Erachtens Begabungen im Bereich von Verkündigung, Seelsorge und Leitung für einen hauptamtlichen Dienst unerlässlich.

Bei ehrenamtlichen Mitarbeitern sind die Anforderungen nicht grundsätzlich anders. Natürlich gibt es die Situation von Helfern, die nur eine kleine begrenzte Aufgabe wahrnehmen (beispielsweise eine Gruppenliste erstellen, Getränke besorgen etc.). Dort muss noch keine dieser Voraussetzungen erfüllt sein. Mit dem Grad der Verantwortlichkeit steigen auch hier die Anforderungen an den Mitarbeiter. Wenn Mitarbeiter geistliche Impulse durch Bibelarbeiten und Andachten setzen sollen oder allein verantwortlich tätig sind, sollten Bekehrung und Begabung klar zu erkennen sein. Wo es um leitende Aufgaben (Diakonen- oder Ältestenamt) für die ganze Gemeinde oder ein Werk geht, sollte sich die betreffende Person bereits in einer anderen Aufgabe bewährt haben und außerdem eine klare Berufung durch die Gemeinde ausgesprochen werden.

Zu diesen klassischen Kriterien für Mitarbeiter möchte ich aber drei weitere Kriterien nennen, die für leitende Mitarbeiter wichtig sind: Belastbarkeit, Bildungsfähigkeit und Beweglichkeit.

Belastbarkeit

Aufgrund der zunehmenden Bereitschaft zu Konflikten und den damit einhergehenden Belastungen brauchen wir verantwortliche Mitarbeiter, die Konflikte verkraften und mit ihnen umgehen können. Natürlich wünscht sich niemand Konflikte, aber mit ihnen zu rechnen gehört zu einem gesunden geistlichen Realismus. Die Apostelgeschichte berichtet von vielen Konflikten (siehe Kapitel 4), und der Apostel Paulus spricht in Epheser 6,10ff davon, dass wir in einem geistlichen Kampf stehen. Darum werden psychische und geistliche Stabilität von leitenden Mitarbeitern an Bedeutung zunehmen. Hinzu kommt, dass die Arbeitsbelastung für diejenigen, die Arbeit haben, wahrscheinlich noch weiter steigen wird. Wir werden darum einerseits belastbare leitende Mitarbeiter suchen, andererseits aber müssen wir Mitarbeiter auch entlasten. Wir müssen ihnen Ruhepausen und Raum für persönliche Weiterentwicklung geben, damit sie Gott langfristig und mit Freude dienen können.

Bildungsfähigkeit

Dünnebeil schreibt dazu[7]: »Wir leben in einer schnelllebigen Zeit. Diese manchmal beklagte Tatsache wird uns zu einer unabweisbaren Herausforderung, die Veränderungen und Wandlungen im Blick zu behalten und sie bei der Anwendung des Evangeliums auf die persönliche Situation zu berücksichtigen. Dazu muss ein Pastor fähig sein. Er ist in seinem Beruf verloren, will er sich mit seinem erworbenen Wissen und seiner Lebenssicht zur Ruhe setzen.« Obwohl Dünnebeil dies für Pastoren schreibt, gilt dies auch für andere leitende Mitarbeiter. So kann der leitende Mitarbeiter einer Sonntagsschule nicht mehr dasselbe Konzept fahren wie vor zwanzig Jahren, da die Kinder heute ein anderes Lernverhalten haben, sich die Medien verändert haben und vieles mehr. Er muss sich mit neuen Konzepten wie etwa dem Promiseland-Konzept von Willow Creek auseinandersetzen, da etliche Mitarbeiter deren Kongresse besucht haben. Ein langjäh-

7 Dünnebeil, S. 17.

riger Ältester muss heute anders mit seinen Mitarbeitern umgehen als vor zehn Jahren. Die Bedeutung des Mitarbeiter-Coachings hat zugenommen. Andere theologische Fragen beispielsweise nach der theologischen Bedeutung und der Praxis von Anbetung liegen auf dem Tisch. Auch leitende Mitarbeiter müssen sich für ihre geistliche, persönliche und fachliche Weiterentwicklung Zeit nehmen. Ist dies nun eine endgültige Überforderung aller Mitarbeiter? Natürlich soll es dazu gerade nicht führen. Es ist wichtig, dass sich Fortbildung und Weiterentwicklung in der normalen Mitarbeiterbegleitung ereignen: im Mitarbeiterkreis der Sonntagsschule, in persönlichen Coaching-Gesprächen und anderswo. Denkbar erscheint mir auch, dass Mitarbeiter ein Jahr lang ihre Mitarbeit reduzieren oder befristet ganz ruhen lassen, um eine gezielte Fortbildung zu machen. Danach steigen sie mit neuer Motivation und gestärkter Kompetenz in ihren Bereich wieder ein.

Beweglichkeit

Hauptamtliche Mitarbeiter im Reich Gottes müssen damit rechnen, nach einigen Jahren des Dienstes den Wohnort zu wechseln. Sonst blockieren sie vielleicht die Weiterentwicklung der Gemeinde, weil sie keine neuen Impulse geben können, oder aber sie selbst bleiben in der Entwicklung stecken, weil sie eine neue Herausforderung bräuchten. Dass neue Herausforderungen für hauptamtliche Mitarbeiter mit einem Wohnortwechsel verbunden sind, erscheint selbstverständlich. Ist es denkbar, dass auch ehrenamtliche Mitarbeiter bewusst an einen neuen Ort ziehen, um dort Gottes Reich ehrenamtlich zu bauen? Natürlich gibt es Lebensphasen, in denen dies aufgrund der Schulsituation der Kinder nur schwierig denkbar ist oder beispielsweise die Eltern pflegebedürftig sind. Wie aber wäre es, wenn junge Leute ihren Ausbildungs- oder Studienplatz auch danach aussuchen, ob sie dabei eine missionarische Aufbauarbeit unterstützen können? Was ist mit Eltern, deren Kinder das gemeinsame Heim verlassen haben, die beruflich flexibel oder gar im Ruhestand sind:

Ist es denkbar, dass sie bewusst an einen Ort ziehen, an dem sie junge Gemeinden unterstützen? Nur wenn auch ehrenamtliche Mitarbeiter sich an »geistlich unterentwickelte Orte« in Deutschland rufen lassen, kann es gelingen, einen neuen geistlichen Aufbruch auch in diesen Landstrichen zu bewirken.

D. Was Mitarbeiter heute wollen

Verändert haben sich aber nicht nur die Anforderungen an die leitenden Mitarbeiter, sondern sie selbst äußern auch klarer als früher, was sie als Mitarbeiter erwarten:

Begleitung

Mitarbeiter erwarten heute Begleitung. Früher wurden haupt- und ehrenamtliche Mitarbeiter häufig gemäß dem Film »Einer kam durch« auf die gefährliche Reise der Mitarbeit entsandt. Man gab ihnen noch die besten Wünsche der Gemeinde mit auf den Weg und erkundigte sich anschließend höchstens einmal zu Weihnachten, welche Probleme es in ihrer Arbeit gab und wie es ihnen persönlich erging. Durch die vielen Seminare und die reichhaltige Literatur zum Thema Mitarbeiterführung (Coaching, Mentoring etc.) hat sich an diesem Punkt die Haltung von Mitarbeitern geändert. Sie spüren, dass sie qualifizierte Hilfestellung auch in ehrenamtlichen Tätigkeiten brauchen, und fordern diese zu Recht ein. Auch die Offenheit für ein ehrliches, gut begründetes Feedback zur eigenen Arbeit ist heute gestiegen. Weil dieses Thema außerordentlich wichtig ist, werden wir in Kapitel 5 näher auf die Begleitung von Mitarbeitern eingehen.

Mitarbeiter erwarten heute Begleitung.

Beteiligung

Mitarbeiter erwarten auch, dass man sie in Entscheidungsprozesse, die ihre Arbeit betreffen, frühzeitig einbezieht. Ein hierarchischer Führungsstil, bei dem der Pastor oder die Gemeindeleitung einsame Entscheidungen trifft, denen die Gemeinde mit ihren Mitarbeitern still zu folgen hat, stößt vermehrt auf Widerstand. Gemeindeleitungen müssen daher ihre Mitarbeiter früher in Informations- und Entscheidungsprozesse einbeziehen. Dies macht die Leitungsarbeit für Gemeindeleitungen inklusive Pastoren einerseits schwieriger, andererseits führt dies häufiger zu Entscheidungen, die von einer breiten Mehrheit getragen werden. Die Konfliktphase erfolgt somit nicht in der Umsetzung, sondern ist kreativer Teil der Lösungsfindung. Pfarrer Klaus Eickhoff hat die unterschiedlichen Führungsstile in einer Grafik[8] zusammengefasst:

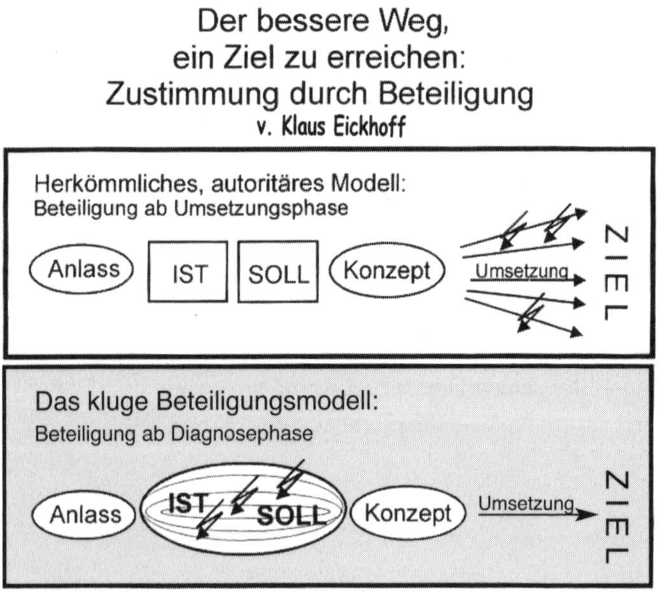

8 Grafik von Klaus Eickhoff, 2002.

Das Stichwort Lebensbalance hat auch in christlichen Kreisen Einzug gehalten. Während leitende Mitarbeiter in der Gemeinde Ehe und Familie früher an dritter oder vierter Stelle ihrer Prioritätenliste führten (hinter Beruf, Gemeinde und eventuell einem weiteren Hobby), hat in der jüngeren Generation ein Prioritätenwechsel stattgefunden: Ehe und Familie wird ein größeres Gewicht gegeben und darum ein größeres Maß an Zeit eingeräumt. Sie haben es stärker gelernt, Nein zu Anfragen aus der Gemeinde zu sagen, und konzentrieren sich auf ihren Aufgabenbereich. Sie wollen nicht stillschweigend vereinnahmt werden für etwas, zu dem sie nicht ein bewusstes und mit dem Ehepartner abgesprochenes Ja gesagt haben. Aus diesem Grund muss Gemeinde genau planen, an welcher Stelle sie ihre Mitarbeiter fordern will und welche unnötigen Aufgaben sie besser ganz aus dem Gemeindeleben streichen sollte. Haupt- und ehrenamtliche Mitarbeiter brauchen jedenfalls das Gefühl, auch für ihre familiären und privaten Bedürfnisse sorgen und gelegentlich zu neuen Anfragen auch einmal Nein sagen zu dürfen.

E. Ermutigung für den Dienst – 2. Timotheus 1,6-14

Weil der Einstieg in eine leitende Mitarbeit im Reich Gottes schon immer eine große Herausforderung darstellte, gibt Paulus seinem jungen Schüler Timotheus in 2. Timotheus 1,6-14 für seinen Dienst in der großen Gemeinde in Ephesus drei ermutigende Aufforderungen mit auf den Weg.

1. Entdecke, was Gott in dich hineingelegt hat

Als Symbol für diese Aufforderungen können wir uns eine Lupe vorstellen, mit der Timotheus seine eigene Geschichte mit Gott betrachten soll. Paulus bittet Timotheus, sich an seine Einsegnung durch seinen persönlichen Freund und Mentor Paulus zu erinnern: *»Darum ermahne ich dich: Lass die Gabe wieder aufleben, die Gottes Geist in dich gelegt hat und die dir geschenkt wurde, als ich dir die Hände auflegte!«*

Bei dieser Einsegnung hat er durch Gottes Geist eine Gabe empfangen, die er für seinen Dienst dringend benötigt und nun zur vollen Entfaltung bringen soll. Wörtlich schreibt Paulus: Entfache die Gabe! Welche Gabe Paulus hier genau meint, sagt er nicht – vielleicht die Gabe zu predigen oder eine große Gemeinde zu leiten. Timotheus weiß jedenfalls genau, wovon Paulus hier spricht.

In meiner Siegener Gemeinde sagte eine alte Frau häufig zu mir: »Wir können nur das geben, was wir selbst empfangen haben.« Als sie diesen Satz das erste Mal sagte, habe ich nicht weiter drüber nachgedacht, weil er mir zu banal schien. Aber da sie ihn bei jedem Besuch wiederholte, fing ich an, über seinen tiefen Gehalt nachzudenken. Es stimmt wirklich. Wir können nur das im Dienst für Gott entfalten, was wir von ihm empfangen haben. Unsere Aufgabe als Mitarbeiter ist es nicht, irgendetwas darzustellen, was wir nicht sind und können, sondern das zu entfalten, was er in uns hineingelegt hat.

Das ist natürlich alles andere als ein Freibrief, um es sich bequem zu machen. Wer etwas anfachen will, muss für frischen Wind sorgen.

Aus diesem Grund sagt Paulus: *»Denn Gott hat uns nicht einen Geist der Feigheit gegeben, sondern den Geist der Kraft und der Liebe und der Besonnenheit«* (Vers 7). Den Begriff, den die GNB mit Feigheit übersetzt, könnte man treffender mit Zaghaftigkeit oder Zögerlichkeit wiedergeben. Paulus hat die Sorge, dass Timotheus eben nicht mutig genug an seine Aufgabe herangeht. Aber Gottes Geist gibt Kraft, Liebe und Besonnenheit für die Aufgaben, an die er uns stellt.

Gottes Geist gibt *Kraft*: Auch wenn wir an unsere Grenzen stoßen und uns überfordert fühlen – Gottes Kraft ist da. Nicht selten wirkt sie gerade dann, wenn unsere Kraft klein ist!

Gottes Geist gibt *Liebe*: Leitende Mitarbeiter in Gottes Reich haben es in ihrem Dienst immer mit Menschen zu tun. Auf Dauer hält man diesen darum nicht ohne Liebe zu Menschen aus. Das gilt gerade in den Situationen, wo es nicht so läuft, wie man es sich vorstellt. Ein älterer Pastor erzählte sehr pointiert, wie er seinen Gemeindedienst empfunden hatte: »Am Anfang unseres Dienstes hatte die Gemeinde uns so lieb, dass sie uns beinahe zu Tode gedrückt hätte. Zwei Jahre später bereuten sie, es nicht getan zu haben.« Weil menschliche Sympathie so wechselhaft ist, brauchen wir die Liebe, die uns nur der Geist Gottes schenken kann.

Wir können nur das geben, was wir selbst empfangen haben.

Gottes Geist gibt *Besonnenheit*: Besonnenheit bewahrt uns davor, zu schnell zu viel zu wollen. Wann spreche ich ein heikles Thema bei einem Menschen an? Wie viel Zeit gebe ich der Gemeinde und mir, sich auf Veränderungen einzustellen?

2. Bekenne, was Gott in Jesus Christus getan hat

Als Symbol für diese Aufforderung denke ich an einen alten »Jesus lebt«-Button, den der verstorbene Lüdenscheider Pastor Paul Deitenbeck erfunden hatte. Es fiel mir nicht besonders schwer, als Jugendlicher diesen Button am Sonntagmorgen im Gottesdienst zu tragen, aber am Montagmorgen in der Schule gehörte richtig Mut dazu. Paulus fordert Timotheus auf, sich in jeder Situation zu Jesus zu bekennen: *»Bekenne dich also offen und ohne Scheu zur Botschaft von unserem Herrn! Schäme dich nicht meinetwegen, weil ich für ihn im Gefängnis sitze, sondern sei bereit, mit mir für die gute Nachricht zu leiden. Gott gibt dir die Kraft dazu«* (Vers 8).

Zu den erfreulichen Dingen für Mitarbeiter im Reich Gottes gehört, dass sie ihre Botschaft nicht erfinden müssen. Wir sollen weitergeben, was Jesus Christus gesagt und getan hat. Die gute Nachricht von Jesus hat sich nicht geändert.

Sicher hat sich die Zeit geändert, in die hinein diese Botschaft gesagt werden muss. Sie muss neu formuliert und mit neuen Methoden und Wegen verkündet werden. Aber ihr Gehalt, ihre Substanz ist dieselbe geblieben. Manchmal spüre ich bei mir selbst und anderen Mitarbeitern den Wunsch: Mensch, wir müssten doch was Neues sagen, was die Leute noch nie gehört haben. Aber wir brauchen Mut, um bei dem zu bleiben, was Jesus uns aufgetragen hat. Es gehört Mut dazu, heute zu verkündigen, dass Jesus Christus der einzige Weg zum Heil, der einzige Weg zu Gott ist. Paulus fordert Timotheus darum auf, bereit zu sein für diese Botschaft zu leiden.

Nun stehen wir heute in Deutschland nicht in der Gefahr, als Christen verfolgt zu werden. Der Wind könnte eventuell für Christen in den kommenden Jahren rauer werden, wenn man zum Beispiel an die Fundamentalismus-Debatte im Zusammenhang mit evangelikalen Christen denkt. Dies bleibt abzuwarten. Aber jeder leitende Mitarbeiter kommt schon jetzt immer wieder in Situationen, in denen er Mut aufbringen muss, um andere Menschen zu führen. Wer andere Menschen führen will, muss den Mut aufbringen, unbequeme Wahrheiten auszusprechen, den anderen auch einmal zurechtzuweisen. Das ist in der Familie so, in einer Firma und auch in einer Gemeinde. Und alle Menschen, die mit der Führung von Menschen vertraut sind, wissen, dass ihnen der Wind manchmal stark ins Gesicht bläst.

Andererseits ist es ein echtes Privileg, Mitarbeiter im Reich Gottes zu sein. Mutige Mitarbeiter Gottes sind in Deutschland nötig, um unserem Land eine positive Richtung zu geben, die von christlichen Werten geprägt ist. Noch wichtiger aber ist Folgendes: Wir haben die einzige Botschaft, die Menschen für alle Ewigkeiten retten kann. Es darf uns als Mitarbeiter Gottes stolz machen, dass er uns diese wertvolle Botschaft anvertraut.

3. Lebe, was du anderen verkündigst

Der Sportartikel-Hersteller Nike hat vor einigen Jahren mit

dem Slogan geworben: Just do it. Also: Nicht lange reden – tu einfach die Dinge, von denen du überzeugt bist. Setz das um, was Gott in dich hineingelegt hat. Genau diesen Tipp scheint Paulus Timotheus zu geben, wenn er schreibt:

»Halte dich an die gesunden Worte, die du von mir gehört hast. Nimm dir daran ein Beispiel, wie du selber reden sollst. So hast du teil an dem Glauben und der Liebe, wie sie durch Jesus Christus in uns leben. Bewahre die Lehre, die dir anvertraut worden ist! Der Geist Gottes, der uns geschenkt wurde, wird dir die Kraft dazu geben« (Verse 13-14).

Mitarbeiter sind manchmal frustriert darüber, dass so wenig von dem, was sie sagen, bei anderen Leuten hängen bleibt. Besonders geprägt haben mich Leiter, mit denen ich gemeinsam Dinge tun durfte und die mich so in ihr Leben hineinsehen ließen. Eine Untersuchung darüber, was Menschen bei einmaliger Aufnahme behalten, ergab Folgendes[9]:

- von dem, was wir hören, behalten wir nur 20 Prozent;
- von dem, was wir sehen, behalten wir 30 Prozent;
- von dem, was wir hören und sehen, behalten wir 50 Prozent;
- von dem, was wir hören, sehen und tun, behalten wir 90 Prozent

Als ich davon das erste Mal hörte, dachte ich mir: Warum predige ich eigentlich, wenn die Menschen nur so wenig davon behalten?

Beim Nachdenken über meine eigene geistliche Entwicklung ist mir aufgegangen, dass mich bei anderen Leitern nur selten einzelne Sätze, aber häufig ihre Persönlichkeit und geistliche Haltung angesprochen haben. Besonders geprägt

---

9 Krämer, Sabine/Walter, Klaus-Dieter, Effektives Lernen in der Erwachsenenbildung, S. 29.

haben mich diejenigen, mit denen ich gemeinsam Dinge tun durfte und die mich so in ihr Leben hineinsehen ließen. Weil dies offensichtlich ein menschliches Lernprinzip ist, legt die Bibel so viel Wert darauf, dass Glauben und Leben übereinstimmen.

Ich erinnere mich an eine Situation, in der Gott mir eine ganz persönliche Lektion gab, damit ich dies lerne. Es war kurz vor einer Beerdigung. Ich war, wie häufiger in solchen Situationen, etwas nervös und musste mich beeilen, um endlich loszufahren. Irgendwie hatte ich einen Wortwechsel mit meiner Frau, der etwas heftiger wurde. Ich weiß nicht mehr, worum es dabei ging, aber ich weiß noch ziemlich genau, dass ich selbstverständlich im Recht war. Aus diesem Grund gab ich auch nicht nach. Da meine Frau ebenso von ihrer Meinung überzeugt war, spitzte sich die Situation zu, und so verließ ich schließlich die Wohnung, ohne mich zu verabschieden. Dass ich die Tür dabei etwas lauter zuschlug als gewöhnlich, sei nur am Rande erwähnt. Ich war froh, endlich meine Ruhe zu haben, die Wohnungstür und meine Frau hinter mir zu lassen. Nun kann ich in Ruhe zur Beerdigung fahren, dachte ich, als ich vor dem Auto stand und den Autoschlüssel suchte. Ich hatte ihn weder in meiner rechten noch in der linken Hand. Er war auch in keiner Hosen- oder Jackentasche. Ich hatte ihn in der Wohnung liegen gelassen … Ich musste also zurück zur Wohnung und bei meiner Frau klingeln. Mir war klar, dass dies wohl ein Fingerzeig meines Herrn war, der nicht wollte, dass ich unversöhnt mit meiner Frau zu einer Beerdigung fuhr, um dort zu predigen.

Jesus erwartet nicht von uns, dass wir großartige geistliche Helden werden, die die Welt zur Not auch ohne ihn retten. Aber er möchte, dass wir ihn von Herzen lieben und ebenso die, die er uns in Familie und Gemeinde anvertraut hat. Jesus unterliegt auch nicht dem Irrtum, dass wir perfekte Menschen wären, die keine Fehler machen. Aber er erwartet Hingabe und die Bereitschaft zur Korrektur von uns.

DER VERGESSENE AUTOSCHLÜSSEL ALS FINGERZEIG GOTTES.

Ähnliche Erwartungen haben übrigens viele Leute in der Gemeinde. Die meisten erwarten von den leitenden Mitarbeitern keine Perfektion, auch keinen »Hansdampf in allen Gassen«. Aber sie erwarten einen glaubwürdigen Christen, der seinen Herrn liebt und die Gemeinde, die ihm anvertraut ist.

Fragen zum Weiterdenken:

1. Welche positiven Erfahrungen haben mich zur Mitarbeit motiviert?

2. Welche Personen haben mich in die Mitarbeit geführt?

3. An welchen Stellen meines Lebens habe ich Gottes Güte konkret erfahren?

4. Wie zeigt sich meine Liebe zu den Menschen, für die ich mich als Mitarbeiter einsetze?

5. Vor welchen Herausforderungen stehe ich als Mitarbeiter zurzeit?

6. Welche geistlichen Lehren habe ich aus Fehlern und Rückschlägen der vergangenen zwei Jahre gezogen?

7. Wie steht meine Familie zu meiner Mitarbeit?

8. Haben wir einen gemeinsamen Blick für das, was Gott durch uns tun möchte?

9. Wie kann ich meine Familie stärker einbeziehen und fördern?

10. Was möchte ich in meiner Mitarbeit in den nächsten zwei Jahren erreichen?

11. Wer gibt mir aufbauende und ehrliche Rückmeldung für meine Mitarbeit?

12. An welchem Punkt sollte ich mich in meiner Persönlichkeit weiterentwickeln?

13. Welche Begabungen sollte ich ausbauen?

14. Kann ich mir vorstellen, künftig an einem anderen Ort in Gottes Reich mitzuarbeiten?

Kapitel 2: Eine klare Berufung – warum wir sie so dringend brauchen

Berufung ist niemals nur eine Sache zwischen dem einzelnen Christen und Gott. Sie hat nicht nur zwei, sondern drei Seiten, wie die folgenden Beispiele deutlich machen.

A. Die drei Seiten der Berufung

Beispiel 1

Ein junger Mann, der gerade in der Phase der Berufsfindung ist, wird von einem Gemeindeglied angesprochen, ob er nicht Pastor werden will. Er ist intelligent, nett und bringt sich außerdem im Chor und im Bereich der Technik mit ein. Er selbst ist unsicher, eine deutliche Berufung spürt er nicht. Da er aber nicht recht weiß, welchen Beruf er ergreifen soll, und die Gemeindearbeit ihm grundsätzlich Freude macht, beginnt er ein Theologiestudium. Er absolviert dies erfolgreich und tritt seinen ersten Gemeindedienst an. Dort kommt es zu einer schweren Krise, in der sein Dienst sehr infrage gestellt wird. Nach einer Phase der inneren Erschöpfung schmeißt er seinen Dienst und steigt frustriert aus.

Beispiel 2

Die Jugendarbeit der Gemeinde blüht auf. Eine junge, engagierte und leitungsbegabte Mitarbeiterin hat den Wunsch, eine offene missionarische Jugendarbeit aufzubauen. Diese Sicht wird von der Gemeinde und einem Teil der anderen Mitarbeiter nicht geteilt. Nach einiger Zeit verlässt sie mit einem Teil der Mitarbeiter die Gemeinde und gründet ein eigenes missionarisches Jugendcafé. Dort kommt es zwei Jahre später zu einer Leitungskrise, weil die junge Frau sich mit den anderen Mitarbeitern des Jugendcafés nicht über den weiteren Weg für die Arbeit einigen kann. Sie verlässt das Team und die Arbeit droht zu zerbrechen.

Beispiel 3

Ein junger Familienvater wird von der Gemeindeleitung angesprochen, ob er sich bei der nächsten Wahl zur Verfügung stellen will. In seiner Stillen Zeit sprechen ihn verschiedene Bibelstellen an, doch er ist sich unschlüssig, ob er den Anforderungen in Familie, Beruf und Gemeinde gerecht wird. Seine Frau signalisiert ihm Unterstützung für seine mögliche Mitarbeit, hat aber auch gewisse Sorgen. Aus diesem Grund bittet er um einen Monat Bedenkzeit. In dieser Zeit bietet ihm sein Chef eine neue Aufgabe mit mehr Verantwortung und deutlich höherem Gehalt an. Er sagt sofort zu. Eine Mitarbeit in der Gemeindeleitung scheidet somit aus.

Was haben diese Beispiele gemeinsam? Obwohl es jeweils gute Begabungen und Ansätze gab, ist der Dienst gescheitert, weil die Frage der Berufung nicht klar beantwortet war. Drei Seiten müssen bei der Frage der Berufung beachtet werden.

Das erste Beispiel zeigt, was passiert, wenn Menschen sich von einer Gemeinde berufen lassen, ohne eine klare Berufung von Gott erfahren zu haben: Der Dienst ohne Berufung von Gott ist nicht krisenfest. Gerade für die schweren Stunden unseres Dienstes brauchen wir die Gewissheit: Gott selbst hat mich an diesen Platz gestellt. Darum bleibe ich hier, bis er mich in eine andere Aufgabe beruft.

> Wer dauerhaft ohne das Ja der Gemeinde Gott dienen will, wird immer wieder den Zerbruch von Gemeinschaft und letztlich auch das Scheitern seines Dienstes erleben.

Das zweite Beispiel zeigt, was passiert, wenn jemand meint, eine Berufung von Gott für eine Aufgabe zu haben, ohne die Gemeinde einzube-

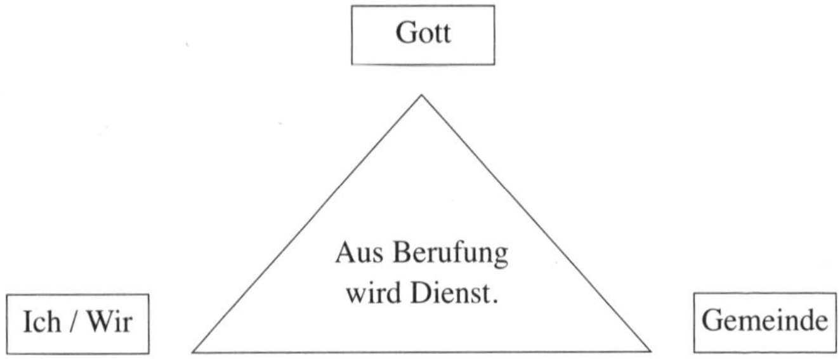

ziehen. Wo dies passiert, kann es zum Zerbruch der Gemeinschaft kommen. Zwar hat es in der Kirchengeschichte immer wieder Gottesleute gegeben, die sich allein auf den Weg machten, weil sie Gottes Ruf so unmissverständlich gehört hatten, dass sie gehen mussten. Doch in den gesegneten Beispielen der Geschichte kam es zumindest im Nachhinein zu einer Bestätigung der Berufung durch die Gemeinde. So mussten etwa der Reformator Martin Luther und der Gründer der Heilsarmee William Booth ihre Gemeinden verlassen, doch haben sie trotzdem neue geistliche Gemeinschaft mit anderen gesucht und gefunden. Ihre Berufungen wurden durch andere Christen bestätigt. Darum gilt auch bei diesen Ausnahmen: Wer dauerhaft ohne das Ja der Gemeinde Gott dienen will, wird immer wieder den Zerbruch von Gemeinschaft und letztlich auch das Scheitern seines Dienstes erleben.

Das dritte Beispiel schildert, wie ein von Gott begabter und von der Gemeinde berufener Mensch sich letztlich verweigert und anderen Rufen folgt. Es macht deutlich, dass eine Berufung von Eheleuten nur gelingen kann, wenn beide Ehepartner gemeinsam vorwärtsgehen. Wo Menschen der Berufung Gottes nicht folgen, leben sie immer an Gottes Ziel für ihr Leben vorbei. Oftmals hinterlässt diese Weigerung schmerzhafte Lücken im Reich Gottes.

Um zu zeigen, wie bereichernd es ist, Gottes Berufung zu leben, wollen wir uns der biblischen Bedeutung von Berufung widmen.

B. Biblische Aspekte der Berufung

1. Berufung beginnt mit dem gebietenden Ruf Gottes

Das Paradebeispiel einer biblischen Berufungsgeschichte ist 1. Mose 12,1-3. Die Geschichte des Volkes Israel beginnt damit, dass Gott den Abraham aus seinen gewohnten Lebensbahnen herausruft. Gott bittet Abraham dabei nicht, sondern er gibt einen klaren Befehl, der keine Diskussion zulässt: *»Verlass deine Heimat, deine Sippe und die Familie deines Vaters und zieh in das Land, das ich dir zeigen werde!«*

BERUFUNG IST KEINE DISKUSSIONSRUNDE.

Berufung ist also nicht der Einstieg in eine geistliche Diskussionsrunde, sondern der Augenblick, in dem Gott die Führung im Leben übernimmt.

Dies wird genauso deutlich bei der Berufung der ersten Jünger. Ganz schlicht heißt es in Matthäus 4,19-20: *»Jesus sagte zu ihnen: ›Kommt, folgt mir! Ich mache euch zu Men-*

Berufung ist nicht der Einstieg in eine geistliche Diskussionsrunde, sondern der Augenblick, in dem Gott die Führung im Leben übernimmt.

schenfischern.‹ Sofort ließen sie ihre Netze liegen und folgten ihm.« Mit dem Augenblick der Berufung durch Jesus ändert sich das Leben von Petrus und Andreas schlagartig.

Wie wichtig Berufung und der Ruf Gottes sind, wird daran deutlich, dass der griechische Begriff für Gemeinde (εκκλησία) wörtlich »die Herausgerufenen« bedeutet. Die Geschichte der Gemeinde Jesu beginnt damit, dass er sie »aus der Welt« herausruft, damit sie ihm gehört und für ihn lebt.

2. Berufung ist ein Akt der Liebe Gottes

Als christlich geprägtem Jugendlichen war mir die Frage, ob Gott eine spezielle Berufung für mich habe, etwas unheimlich. Berufung Gottes musste gefährlich und außerdem mit vielen Entbehrungen verbunden sein – ich dachte an Missionare in muslimischen Ländern. Erst im Laufe der Jahre wurde mir klar, dass Gottes Berufung bedeutet, dass er für jeden Christen ein wunderbares Lebensziel hat.

Obwohl es sich also bei der Berufung um einen gebietenden Ruf Gottes handelt, ist doch klar, dass es sich dabei nicht um Willkürherrschaft handelt, sondern um einen Akt der Liebe Gottes. Der allmächtige Gott tritt mit uns einfachen, kleinen Menschen in Kontakt. Er spricht uns an und hat einen Plan voller Liebe für uns. Bei der Berufung Abrahams gibt Gott Abraham die großartige Verheißung mit (1. Mose 12,2): *»Ich will dich segnen und dich zum Stammvater eines mächtigen Volkes machen. Dein Name soll in aller Welt berühmt sein. An dir soll sichtbar werden, was es bedeutet, wenn ich jemand segne.«*

Als Jesus die Jünger in seine Nachfolge beruft, zeigt er ihnen seine Liebe, indem er ihnen die Füße wäscht und sogar sein Leben für sie lässt. Auf Gottes Berufung zu antworten ist aus menschlicher Sicht gesehen immer der sicherste Weg, um Gottes Segen und seine Liebe reichlich zu erfahren.

3. Aus Berufung leben heißt leben mit Gott und leben für Gott

Was ist bei der Berufung Gottes wichtiger: Die Berufung zu einem Leben mit Gott oder der Dienst für ihn? Sowohl die Erfahrung vieler Christen als auch die biblischen Geschichten zeigen, dass beides eng zusammengehört. Gott gibt Abraham erst einen Dienstauftrag, bevor er ihn konkret auffordert, sein ganzes Leben in der Beziehung zu Gott zu leben. In 1. Mose 17,1 heißt es: *»Als Abram 99 Jahre alt war, erschien ihm der HERR und sagte zu ihm: ›Ich bin Gott, der Gewaltige. Führe dein Leben in enger Verbindung mit mir und halte dich ganz an mich!‹«* Wie aus dem Vergleich mit 1. Mose 12,4 ersichtlich wird, sind bereits 24 Jahre vergangen, seitdem Abraham um seiner Berufung willen die Heimat verlassen hatte.

Bei der Berufung der Jünger sagt Jesus ihnen (Matthäus 4,19): *»Kommt, folgt mir! Ich mache euch zu Menschenfischern.«* In dieser Aufforderung liegen die Einladung Jesu zu einer tiefen persönlichen Beziehung zu ihm und der Missionsbefehl eng beieinander. Im Bild vom Weinstock und den Reben (Johannes 15,1-8) macht Jesus deutlich, dass bleibende geistliche Frucht nur in der engen Verbindung zu ihm entsteht. Der Auftrag Jesu ist ohne die Beziehung zu ihm nicht zu erfüllen. Die Beispiele vieler Mitarbeiter zeigen dabei einerseits, dass bei vielen die Liebe zu ihrem Herrn durch die Mitarbeit erst entstanden und gewachsen ist. Andererseits gibt es auch warnende Beispiele von leitenden Mitarbeitern, die mit ihrem Ausstieg aus der Mitarbeit auch ihren Glauben verloren haben.

Die Berufung in die Beziehung zu Gott und die Berufung in eine konkrete Dienstaufgabe sollen einander ergänzen. Steht die Dienstaufgabe zu sehr im Vordergrund, besteht die Gefahr, dass unser Glaube hohl wird, dass die Liebe zu unserem Herrn nur in Worthülsen besteht, aber nicht mehr von Herzen kommt. Auf Dauer wird der Dienst dann kraft- und wirkungslos bleiben.

Steht die Berufung in die Beziehung einseitig im Vordergrund, führt dies dazu, dass der Glaube sich nur mit sich selbst beschäftigt und die von Gott geliebte Welt vergisst.

4. Berufung verändert den Lebensplan und den Lebensstil

Die Berufung Gottes ist das beherrschende Lebensthema eines Christen. Nicht mehr die Sorge um Beruf und Karriere, Wohlstand und Geld, aber auch nicht Familie und Ehe, sondern Gottes Ruf ist der entscheidende Kristallisationspunkt im Leben. Anhand der Berufung Gottes sollen die großen und kleinen Entscheidungen des Lebens fallen. Aus diesem Grund fordert Jesus seine berufenen Jünger heraus, sich nicht in den Alltagssorgen zu verfangen (Matthäus 6,33): *»Sorgt euch zuerst darum, dass ihr euch seiner Herrschaft unterstellt und tut, was er verlangt, dann wird er euch schon mit all dem anderen versorgen.«* Jesus fordert mit dieser Aussage nicht nur heraus, sondern gibt den Berufenen auch die Verheißung mit auf den Weg, dass er für sie sorgen wird, solange sie nur ihrer Berufung treu bleiben. Gottes Berufung für mein Leben ist darum das wichtigste Kriterium für alle Entscheidungen, die ich zu treffen habe.

Anhand der Berufung Gottes sollen die großen und kleinen Entscheidungen des Lebens fallen.

Vorrangig ist darum auch nicht mehr die Frage: Was darf ich als Christ noch gerade, oder was kann ich mir finanziell leisten? Entscheidend ist vielmehr die Frage: Wie kann mein Lebensweg und mein Lebensstil der Berufung folgen, die Gott mir gegeben hat?

Dabei muss die Berufung Gottes nicht zu einem asketischen Lebensstil führen, wie es die Mönche im Mittelalter verstanden haben. Die Berufung erfordert aber eine hohe Flexibilität hinsichtlich unseres Lebensstils. Dies wird beim Apostel Paulus in doppelter Hinsicht deutlich:

a) Zum einen kann er sich auf sehr unterschiedliche Lebensstandards einlassen (Philipper 4,12): *»Ich kann Not lei-*

den, ich kann im Wohlstand leben; mit jeder Lage bin ich vertraut. Ich kenne Sattsein und Hungern, ich kenne Mangel und Überfluss.«

b) Zum anderen kann er sich auf den Lebensstil der Menschen einlassen, die er mit dem Evangelium erreichen will (Auszüge aus 1. Korinther 9,19-22): *»Obwohl ich also frei und von niemand abhängig bin, habe ich mich zum Sklaven aller gemacht, um möglichst viele für Christus zu gewinnen. Wenn ich mit Juden zu tun hatte, lebte ich wie ein Jude, um sie für Christus zu gewinnen. (...) Wenn ich dagegen mit Menschen zu tun hatte, die nichts vom Gesetz wissen, lebte auch ich nicht nach dem Gesetz, obwohl ich doch vor Gott nicht gesetzlos lebe; (...) – und auch das tat ich, um sie für Christus zu gewinnen. Und wenn ich mit Menschen zu tun hatte, deren Glaube noch schwach war, wurde ich wie sie und machte von meiner Freiheit keinen Gebrauch – nur um sie für Christus zu gewinnen. Ich stellte mich allen gleich, um überall wenigstens einige zu retten.«*

Wer die Berufung Gottes für sein Leben be- und ergriffen hat, richtet von Herzen sein ganzes Leben danach aus, ohne dies als Verlust zu empfinden.

5. Berufung braucht die Beheimatung in der Gemeinde

Obwohl die Berufung also in erster Linie das eigene persönliche Leben betrifft, bleibt sie nie eine rein individuelle Angelegenheit. Sie braucht Bestätigung durch die Gemeinde und darf nicht als Forderung gegen sie durchgesetzt werden, frei nach dem Motto: »Gott hat mich zum Leiter dieser Gemeinde bestimmt. Wenn ihr das nicht so sehen könnt, seid ihr Gott ungehorsam.«

Im NT finden wir keine von Gott berufenen Einzelgänger. So ist es sehr interessant zu beobachten, dass der Apostel Paulus in all seinen Gemeindebriefen einerseits zwar seine persönliche Berufung hervorhebt, doch gleichzeitig immer

Im Neuen Testament finden wir keine von Gott berufenen Einzelgänger.

andere Mitarbeiter erwähnt, die mit ihm den Brief verantworten.[10] Genauso wenig hat Jesus seine Jünger einzeln ausgesandt, und nur gemeinsam gilt ihnen bis heute die Zusage Jesu: »Ihr seid das Licht der Welt« (Matthäus 5,14).

6. *Berufung macht unabhängig von Menschen und frei für Gott*

Obwohl Berufung die Gemeinde braucht, macht sie den Berufenen doch gleichzeitig frei von menschlichen Abhängigkeiten. Der Apostel Paulus kann im Hinblick auf seinen Dienst sagen: *»Aber durch Gottes Gnade bin ich, was ich bin. Und seine Gnade an mir ist nicht vergeblich gewesen, sondern ich habe viel mehr gearbeitet als sie alle«* (1. Korinther 15,10; LUT).

Der Berufene wird von Gott aus seinen bisherigen Beziehungen herausgerufen und an eine neue Aufgabe und in neue Beziehungen hineingestellt. Viele Reformbewegungen begannen mit dem Mut von Einzelpersonen, die sich von ihren Zeitgenossen unabhängig machten. Das wohl berühmteste Beispiel dafür ist Martin Luther, der sich am 17. April 1521 auf dem Reichstag zu Worms gegen die damalige Kirche und den Kaiser stellt und die berühmten Sätze sagt: »Daher kann und will ich nichts widerrufen, weil wider das Gewissen etwas zu tun weder sicher noch heilsam ist. Gott helfe mir, Amen.«[11] Und auch nach Martin Luther begannen viele gute Reformen mit einzelnen Querdenkern, die sich auf biblische Grundlagen besannen und ihnen konsequent nachgingen. Wer Gottes Ruf als Pastor oder Missionar folgen will, muss

---

10 Im Römer- und Epheserbrief erwähnt er am Briefschluss die Namen von Mitarbeitern. Im Galaterbrief (1,2) erwähnt er »andere Brüder, die bei mir sind«. In den Korinther- und Thessalonicherbriefen sowie im Philipperbrief erwähnt er gleich zu Beginn die Namen anderer Mitarbeiter, die mit ihm den Brief verfasst haben.

11 Wallmann, Kirchengeschichte Deutschlands seit der Reformation, S. 43.

bereit sein, liebe Freundschaften, Eltern und Geschwister zurückzulassen. Berufung kann aus diesem Grund auch einsam machen und Leiden zur Folge haben. Aber weil wir ein wunderbares Ziel haben, lohnt sich aller Einsatz!

7. Berufung führt nicht automatisch in eine lebenslange Aufgabe

Wer sich in die Aufgabe eines Pastors oder Missionars berufen weiß, will diese in der Regel ein Leben lang ausführen. Nicht selten kommt es dennoch anders. Viele Missionare müssen aus gesundheitlichen Gründen oder aus Verantwortung für ihre Kinder nach einigen Jahren den Missionsdienst wieder verlassen. Leider scheiden immer wieder auch Pastoren nach Konflikten oder aus persönlichen Gründen aus dem Gemeindedienst aus. Wie sind solche Lebensläufe zu deuten? War die Berufung dann ein Irrtum? Wer biblische Biografien näher studiert, stellt fest, dass die Berufung Gottes bei seinen Leuten nur selten in eine einzige Lebensaufgabe führte.

Nach Apostelgeschichte 7,23ff war Mose 40 Jahre als Sohn der Prinzessin in Ägypten aufgewachsen, bevor er weitere 40 Jahre als Hirte in der Wüste Midian arbeitete. Erst dann begann seine Lebensaufgabe, das Volk Israel aus der Sklaverei in Ägypten und bis an die Grenzen des verheißenen Landes zu führen.

Jesus lebte 30 Jahre eher unauffällig als Zimmermann, ehe er seine letzten drei Jahre auf dieser Erde öffentlich wirkte. Der Apostel Paulus, der sich auf den Missionsreisen oft als Zeltmacher seinen Lebensunterhalt verdiente, betont gegenüber den Korinthern seine Flexibilität in Sachen Beruf und Finanzen (1. Korinther 9,1ff). Die Berufung Gottes für unser Leben entbindet uns also nicht von der Verantwortung, immer wieder neu zu fragen, in welcher konkreten Dienstaufgabe diese Berufung gelebt werden soll.

8. Berufung zielt auf die Ewigkeit Gottes

Wie bereits erwähnt, ist der Apostel Paulus bis heute ein Vorbild in seiner Flexibilität und seinem Einsatz. Es ist kaum zu glauben, was er in wenigen Jahren in Bewegung setzen konnte. Sein Geheimnis lag darin, dass er unter ganz unterschiedlichen Bedingungen auf Gottes Berufung und die Ewigkeit ausgerichtet war. Den Tod vor Augen, schreibt er aus dem Gefängnis an die Philipper (Kapitel 3,12-14): *»Ich meine nicht, dass ich schon vollkommen bin und das Ziel erreicht habe. Ich laufe aber auf das Ziel zu, um es zu ergreifen, nachdem Jesus Christus von mir Besitz ergriffen hat. Ich bilde mir nicht ein, Brüder und Schwestern, dass ich es schon geschafft habe. Aber die Entscheidung ist gefallen! Ich lasse alles hinter mir und sehe nur noch, was vor mir liegt. Ich halte geradewegs auf das Ziel zu, um den Siegespreis zu gewinnen. Dieser Preis ist das ewige Leben, zu dem Gott mich durch Jesus Christus berufen hat.«*

Paulus ist nicht nur nicht von seiner Vergangenheit befreit, sondern blickt sogar über sein irdisches Leben hinaus. Er weiß, dass seine Berufung über dieses Leben hinaus Bedeutung hat. Er weiß, dass sein Einsatz bis in die Ewigkeit hinein Bedeutung hat. Darum gibt er sich dieser Berufung ganz hin.

Natürlich sind die ausgeführten biblischen Grundlagen für Berufung nicht neu, aber es gibt gute Gründe, sie neu in den Blick zu nehmen.

C. Warum ist es heute wichtig, neu von Berufung zu reden?

1. Bei den vielen Lebensoptionen brauchen wir eine klare Ausrichtung, ein klares Ziel.

Noch nie gab es so viele Möglichkeiten, das Leben in ganz unterschiedlicher Weise zu gestalten. Von der Marmelade am Morgen und den Fernsehprogrammen am Abend bis hin zur

Berufs- und Partnerwahl – immer haben wir die freie Auswahl. Irgendwie scheint es da nicht mehr passend zu sein, dem Ruf Gottes ein ganzes Leben lang folgen zu müssen. Allerdings sehen wir auch die negativen Seiten dieser unendlichen Wahlfreiheit. Menschen fühlen sich überfordert, ständig Entscheidungen treffen zu müssen. Auch die Ehen und Familien sind von den vielen Handlungsoptionen verunsichert, weil sie nicht mehr sicher sind: Wer wird meinen Lebensweg langfristig begleiten? Werde ich nächstes Jahr noch mit meinen Eltern in einer Familie zusammen wohnen? Werde ich den nächsten Urlaub noch mit meinem jetzigen Partner verbringen?

Von der Marmelade am Morgen und den Fernsehprogrammen am Abend bis hin zur Berufs- und Partnerwahl – immer haben wir die freie Auswahl.

An Gemeinden geht diese Entwicklung ebenfalls nicht spurlos vorüber. Sie klagen darüber, dass sie immer kurzfristiger planen müssen, weil langfristige verbindliche Zusagen von Mitarbeitern schwieriger zu erhalten sind.

Die Berufung Gottes legt unser Leben in heilsamer Weise fest. Mögen sich Arbeit, Nachbarn, Lebensraum und Lebensstil ändern: Wer Gottes Berufung folgt, hat die Beziehung zum lebendigen Gott als große Konstante und Orientierungshilfe in seinem Leben. Os Guiness beschreibt ein Leben aus Berufung folgendermaßen: *»... ein Leben, das so gelebt wird, dass man auf den entscheidenden Ruf Gottes hört, ist ein Leben, das man vor einem Zuschauer führt, der alle anderen übertrifft – der Eine Zuschauer.«*[12] Über Berufung nachzudenken hilft uns, im Wirrwarr der vielen Angebote und Stimmen unserer Zeit die eine Stimme zu hören, auf die es ankommt: Gottes Stimme.

2. Bei den großen missionarischen Herausforderungen unseres Landes brauchen wir neue Leidenschaft und Opferbereitschaft. Die großen sozialen und politischen Herausforderun-

12 Os Guiness, S. 91.

gen unseres Landes sind bekannt: Die demografische Entwicklung führt zu einer Überalterung der Gesellschaft mit der offenen Frage, wie die sozialen Systeme dies verkraften sollen. Insbesondere die steigende Zahl von Pflegebedürftigen stellt ein Problem dar. Es ist kein Wunder, dass die Debatte um aktive Sterbehilfe neu entbrannt ist.[13] In einigen Regionen insbesondere Ostdeutschlands wird die Bevölkerungszahl in den nächsten 15 Jahren weiter dramatisch zurückgehen, Städte ohne junge Menschen werden zurückbleiben.[14]

In dieser schwierigen demografischen Phase Deutschlands gewinnt der Islam in Deutschland und Europa zunehmend an Selbstbewusstsein und Einfluss. In einigen Großstädten ist der Anteil muslimischer Bewohner bereits größer als die Zahl der Kirchgänger. Wie begegnen wir als Christen diesen großen geistlichen und sozialen Herausforderungen unseres Landes?

Meine feste Überzeugung ist, dass wir neue Leidenschaft und Hingabe brauchen, um als Christen darauf zu antworten. Allein mit begabten und akademisch gut qualifizierten Mitarbeitern werden wir diese Aufgaben nicht stemmen können. Die Berufung Gottes kann genau die Leidenschaft und Liebe in uns entfachen, die unser Land braucht. Die neuen Herausforderungen bringen schon jetzt eine neue Offenheit für geistliche Themen. Aber werden wir Menschen finden, die sich in sterbenden Regionen mit geringen Aussichten auf Gemeindewachstum und geringeren Gehältern für kirchliche Mitarbeiter zufriedengeben? Werden diakonisch gesinnte

---

13 Siehe Stern Nr. 48/2006: »In Würde sterben – Zwölf schwer kranke Menschen erzählen, weshalb sie dafür ins Ausland fahren müssen. Sie fragen: Warum wird Sterbehilfe in Deutschland nicht erlaubt?« Die Ausgabe hat eine weitreichende Diskussion um das Thema Sterbehilfe neu entfacht.

14 Kröhnert et. al., Die demografische Lage der Nation, S. 114. Insbesondere für Sachsen-Anhalt wird ein Zusammenbrechen der Sozialsysteme und der Region insgesamt befürchtet.

Christen nachdrücklich die Frage stellen, wie wir alte und hilfsbedürftige Menschen begleiten, oder wird der wirtschaftliche und politische Druck zur Legitimierung der aktiven Sterbehilfe so stark, dass auch dieser Damm bricht, ähnlich wie in den 70er-Jahren bei der Abtreibungsfrage?

Wir brauchen in dieser Phase unseres Landes Christen, die nicht nur mit sich selbst beschäftigt sind, sondern Gottes Berufung in ihrem Leben durchhalten, auch wenn keine schnellen Erfolge sichtbar werden und es Opfer bedeutet. Aus diesem Grunde müssen Christen die Perspektive der Ewigkeit neu gewinnen. Der Glaube an Jesus Christus ist nicht die Lebenshilfe, die eine Erfüllung aller Lebenswünsche schon in unserem irdischen Leben zur Folge hat. Der Glaube an Jesus Christus bahnt uns einen Weg in die Ewigkeit Gottes und lässt uns von dieser Ewigkeit her schon heute viel Gutes und Segen erfahren. C.S. Lewis hat dazu einmal trefflich formuliert: »Strecke dich nach dem Himmel aus, und du wirst auch die Erde bekommen. Aber strecke dich nach der Erde aus, und du wirst keines von beiden bekommen.«[15]

3. Im Gegensatz zur starken Betonung der menschlichen Seite erinnert die Berufung an Gottes Möglichkeiten und seine Treue.

Viele Konferenzen und Bücher haben genau wie dieses Buch das Ziel, Mitarbeiter zu stärken und in ihrer Weiterentwicklung zu helfen. Dennoch dürfen wir nicht beim menschlich Machbaren stecken bleiben. Die Berufung Gottes erinnert uns daran, dass unser Herr die letzte Verantwortung für unseren Dienst trägt und nicht wir. Unsere Berufung erinnert uns daran, dass wir nicht eigene Werke vollbringen müssen. Paulus schreibt darum an die Epheser (2,10): *»Wir sind ganz und gar Gottes Werk. Durch Jesus Christus hat er uns so geschaffen, dass wir nun Gutes tun können. Er hat sogar unse-*

15 Zitiert nach Blanchard, Das Jesus-Prinzip, S. 68.

re guten Taten im Voraus geschaffen, damit sie nun in unserem Leben Wirklichkeit werden.«

Gott ist derjenige, der alles Gute für uns vorbereitet hat und uns ans Ziel bringen will. Aus dieser Zuversicht heraus schreibt der Apostel an die Philipper (1,6): *»Ich bin ganz sicher: Gott wird das gute Werk, das er bei euch angefangen hat, auch vollenden bis zu dem Tag, an dem Jesus Christus kommt.«*

Wer Gottes Berufung lebt, ist darum befreit von der Sorge, etwas darstellen und leisten zu müssen. Er darf sich darauf verlassen, dass der, der ihn berufen hat, ihn trägt und zum Ziel führt.

> Wer Gottes Berufung lebt, ist darum befreit von der Sorge, etwas darstellen und leisten zu müssen.

Schauen wir uns abschließend zur Frage der Berufung noch einen Abschnitt aus dem Propheten Jesaja an, in dem die Bedeutung der Berufung Gottes für den Dienst des Propheten deutlich wird.

D. Dienstanweisungen für Gottes Bodenpersonal – Jesaja 42,1-9

Propheten hatten, wie heute Pastoren, die Aufgabe, Gottes Wort in ihrer Zeit zu sagen. Manchmal waren ihre Botschaften sehr unbequem. In seinen Liedern vom Gottesknecht redet Jesaja in eine Zeit hinein, in der das Volk Israel aufgrund von Verbannung und Gefangenschaft in eine tiefe Krise geraten ist. Der Prophet bringt Licht und Hoffnung in diese Situation, weil er sich von Gott in diese Situation berufen weiß, um Gottes gute und tröstende Botschaft zu sagen. Gott selbst gibt ihm konkrete Anweisungen für seinen Dienst.

Was sagt Gott dem Propheten Jesaja, um ihn in seiner Tätigkeit als Prophet zu ermutigen? Anders ausgedrückt – welche Dienstanweisungen gibt Gott seinem Boten?

Wie jeder Dienstvertrag heute zwei Teile hat (Rechte und

Pflichten), so bestehen auch die Dienstanweisungen Gottes aus zwei Teilen. Gott sagt seinem Boten zum einen, wer er aus Gottes Sicht ist, und zum anderen, worin sein Auftrag besteht und wie er ihn auszuführen hat.

Wer ist der Bote Gottes aus Gottes Sicht?

Bevor Gott den Auftrag seines Boten erwähnt, zeigt er zunächst, wie er zu ihm steht. Schon an dieser Reihenfolge wird deutlich, dass die Beziehung des Boten zu seinem Auftraggeber wichtiger ist als der Auftrag selbst. Was sagt Gott über seinen Boten?

»Siehe, das ist mein Knecht – ich halte ihn – und mein Auserwählter, an dem meine Seele Wohlgefallen hat. Ich habe ihm meinen Geist gegeben; er wird das Recht unter die Heiden bringen« (LUT; ebenso die Verse 2-9).

Gottes Bote wird gehalten

Gott sagt seinem Boten, dass er von ihm gehalten wird. In aller Regel wird von leitenden Mitarbeitern in der Gemeinde erwartet, dass sie etwas *»halten«* sollen. Sie sollen die Gemeinde *zusammen*halten, schädliche Einflüsse *ab*halten, und außerdem sollen sie auch zu jeder Tages- und Nachtzeit Verbesserungsvorschläge und Kritik *aus*halten können. Wie gut, dass Mitarbeiter einen Halt bei Gott selbst finden. In einer Art kleinen Glaubensbekenntnisses hat Lothar Zenetti ausgedrückt, wie wichtig ihm dieses Gehaltensein von Gott ist:

Wer Gott für mich ist? Einer, der für mich ist.
Was ich von Gott halte? Dass er mich hält.

Gottes Bote ist auserwählt

Gott bezeichnet den Boten als seinen Auserwählten. Erwählung – oder lateinisch »Prädestination« – ist ein Begriff, um den es in der Theologiegeschichte viel Streit gegeben hat. An keiner Stelle ist in der Bibel von einer doppelten Prädestination die Rede, nach der die einen von vornherein zur Verdammnis und die anderen zum ewigen Leben mit Gott bestimmt sind. Wo Gottes Wort von Erwählung spricht, will es Gottes Leute in ihrem Dienst ermutigen. Es will ihnen, wie bei Jesaja, zusprechen, dass Gott trotz aller Schwierigkeiten hinter seinem Boten steht, weil er selbst ihn erwählt hat. Er steht an der richtigen Stelle. Er ist auserwählt und soll weitermachen.

Leitende Mitarbeiter müssen wissen, dass sie nicht nur von Menschen, sondern von Gott selbst ihre Platzanweisung bekommen haben. Weil Gott sie an ihren Platz gestellt hat, sollen sie auch in schwierigen Zeiten dort ausharren, bis er ihnen einen neuen Platz zuweist.

Gottes Bote ist von Gott geliebt

Zu den wichtigsten menschlichen Bedürfnissen gehört das Bedürfnis geliebt zu werden. Und viele Menschen erwarten von ihren leitenden Mitarbeitern auch persönliche Zuwendung und ein Stück Liebe. Sie erwarten nicht nur gute Predigten und Bibelarbeiten, Fleiß und schlaue Tipps für andere Mitarbeiter, sondern aufrichtiges Interesse an ihrer Person, ihrer Lebensgeschichte und ihren Problemen.

Diese Liebe können leitende Mitarbeiter nur dann dauerhaft weitergeben, wenn sie selbst eine unerschöpfliche Quelle der Liebe haben, aus der sie auch dann noch schöpfen können, wenn ihre eigene Kraft am Ende ist und sie keinen Menschen mehr sehen möchten. Natürlich ist es auch aus diesem Grund wichtig, liebevolle Beziehungen zu Freunden, der eigenen Familie und dem eigenen Ehepartner zu haben. Aber auch diese Beziehungen zehren manchmal an unserem Liebeskontingent.

Viele Menschen erwarten von ihren leitenden Mitarbeitern persönliche Zuwendung und ein Stück Liebe.

Wie gut, dass wir in Gott ein unerschöpfliches Liebeskontingent haben. Er wird nicht müde uns zu lieben. Darum sagt er seinen Leuten und Mitarbeitern: *»An dir habe ich Wohlgefallen!«* Ich freue mich über dich, ich freue mich über deinen

Einsatz, deine Begabung, deine Beziehung zu mir. Genau diese Worte hat der himmlische Vater übrigens seinem Sohn bei dessen Taufe mit auf den Weg gegeben (Matthäus 3,17). Wenn sogar der Sohn Gottes vor seinem öffentlichen Dienstantritt diese Liebesbestätigung brauchte, dann brauchen alle leitenden Mitarbeiter im Reich Gottes sie auch! Diese Liebesbestätigung durch Gott selbst ist die Grundlage für einen Dienst im Reich Gottes, der nicht krank und kaputt macht, sondern bereichert.

Gottes Bote ist mit Gottes Geist ausgestattet

Es gibt Situationen, in denen wir als Mitarbeiter folgende Gedanken hegen: »Momentan läuft alles richtig gut. Ich habe meine Aufgaben und die Leute richtig gut im Griff. Kein Wunder, schließlich bin ich ein netter Typ, gut ausgebildet und obendrein sehr einsatzfreudig. Gott kann von Glück reden, dass ich in seinem Dienst bin ...«

Gnädig, wie Gott ist, zeigt er uns aber immer wieder unsere Grenzen:

- Grenzen der Belastbarkeit
- Grenzen in den Begabungen
- Grenzen in unserem Einfluss auf Menschen.

Das schmerzt einerseits, andererseits zeigt Gott uns darin unsere Abhängigkeit von ihm und zieht uns zu sich. Nicht unsere Ausbildung oder Begabung, auch nicht unser Charakter – nur Gottes Geist kann Frucht für die Ewigkeit wirken. Nur er kann die Kraft geben, die nötig ist, um im Dienst geistlich gesund zu bleiben und durchzuhalten.

Nachdem wir uns damit beschäftigt haben, wie Gott seinen Boten sieht, wollen wir nun fragen, wie Gottes Bote seinen Auftrag ausführen soll.

Wie führt der Bote Gottes Auftrag aus?

Leise

»Er wird nicht schreien noch rufen, und seine Stimme wird man nicht hören auf den Gassen.«

Wir haben heute als Mitarbeiter im Reich Gottes oft den Eindruck, wir könnten die Welt nur mit Massenmedien und Lautsprechern gewinnen. Wir brauchen Aufmerksamkeit und überlegen, wie wir die Öffentlichkeit der Gemeinde oder auch der Gesellschaft erreichen. Dies erfordert oft einen guten Teil unserer Energie und Kraft. Ganz anders wird hier Gottes Bote geschildert. Er konzentriert sich auf den Inhalt seiner Botschaft. Da er sich von Gott gehalten weiß, kann er ganz leise und gelassen an seine Verkündigung herangehen. Die Leute müssen darum bei ihm wieder richtig zuhören lernen, sonst überhören sie die leise Stimme des Boten Gottes. Obwohl Propheten manchmal mit spektakulären Zeichenhandlungen[16] auf Gottes Gericht aufmerksam gemacht haben, waren sie sich nie zu schade, immer wieder die leisen seelsorgerlichen Töne anzuschlagen.

Wie gut also, wenn Mitarbeiter im Reich Gottes auf jede Effekthascherei und Selbstdarstellung verzichten können, weil sie genau wissen: Gottes Botschaft kommt zum Ziel! Diese leisen Töne entsprechen oft mehr der Botschaft Gottes und erreichen eher das Herz des Zuhörers. Sie sind vor allem dann vorzuziehen, wenn unser Temperament mit uns durchgehen will und wir anderen in ungezügelter Wut die Meinung sagen wollen.

Barmherzig

»Das geknickte Schilfrohr zerbricht er nicht, den glimmenden Docht löscht er nicht aus. Er bringt dem geschlagenen

---

16 Bei Jesaja siehe u. a. die Namensgebung bei seinen Kindern – Kapitel 8. Beim Propheten Jeremia siehe u. a. Kapitel 13 (versteckter Gürtel), Kapitel 16 (Ehelosigkeit). Der Prophet Hesekiel stellt auf teilweise drastische Weise Gottes Gericht in Zeichenhandlungen dar (Kapitel 4 und 5).

Volk das Recht, damit Gottes Treue ans Licht kommt. (...) Die Gefangenen sollst du aus dem Dunkel des Kerkers holen und den blind gewordenen Augen das Licht wiedergeben.«

Der Bote Gottes ist nicht nur ein Mann für starke Leute, die viel in der Gemeinde bewegen können. Er ist nicht nur ein Mann für waschechte Heiden, über deren Bekehrung wir uns in der Gemeinde besonders freuen. Er ist auch einer für die, die schon länger dabei sind und deren Glaube schwach geworden ist – oder aber vielleicht noch nie stark war.

Gottes Bote ist einer, bei dem wir schwach sein dürfen, weil auch Gottes Bote sich vor Gott schwach fühlen darf. Denn nicht seine Stärke, sondern Gottes Erwählung und Berufung sind es, die ihn zum Dienst qualifizieren. Diese Barmherzigkeit mit schwachen Menschen kommt nicht in erster Linie in Predigten und Andachten zum Ausdruck, sondern im Verhalten. Im Besuch der Menschen, die krank sind oder niedergedrückt. Im aufmunternden Wort für den Mitarbeiter, der durch eine schwierige Phase geht, oder in der praktischen und finanziellen Hilfe für Menschen, die sie einfach nötig haben. Barmherzigkeit mit anderen wird auch darin sichtbar, dass leitende Mitarbeiter von ihren eigenen Nöten und Sorgen erzählen. Sie wird da erlebbar, wo wir einander von Herzen vergeben und unsere schwachen Seiten nicht mehr verbergen müssen.

Unermüdlich

»Er selbst wird nicht verlöschen und nicht zerbrechen, bis er auf Erden das Recht aufrichte; und die Inseln warten auf seine Weisung.«

So einen leitenden Mitarbeiter wünscht sich jede Gruppe, jede Gemeinde. Einen, der unermüdlich unterwegs ist zu den Leuten. Jemanden, der immer im Einsatz ist, für alles und jeden zu haben, der durch keine Schreckensnachricht zu entmutigen ist. Dank genügend Coca-Cola und Kaffee wird er auch niemals müde. Aber das geht nicht auf Dauer gut. So

Für jeden Mitarbeiter muss es Zeiten geben, in denen auch die fromme Arbeit ruht und wir die Gemeinde und unseren Glauben einfach genießen.

sind wir Menschen nun einmal nicht von Gott geschaffen. Die Kraft und Unermüdlichkeit des Boten Gottes hängt an der Kraft und Liebe Gottes. Diese lebendige Beziehung kann bleibende Kraftquelle sein – ohne Negativfolgen, wie überhöhter Koffeinkonsum mit sich bringt.

Wir erleben in unserer Zeit immer wieder, wie Menschen ausbrennen, weil sie dauerhaft über ihre körperliche, emotionale und geistliche Kraft leben. Ehrenamtliche Mitarbeiter, die meist einen herausfordernden Beruf und eine Familie haben, können nicht verhindern, dass es stressige und aufreibende Zeiten gibt, die stark an ihren Kräften zehren. Aber für drei Dinge kann und muss jeder leitende Mitarbeiter sorgen:

a) Wir können für Zeiten mit weniger Belastung sorgen, in denen wir wieder zu Kräften kommen und das Leben genießen. Für jeden Mitarbeiter muss es Zeiten geben, in denen auch die fromme Arbeit ruht und wir die Gemeinde und unseren Glauben einfach genießen.

b) Wir können für Beziehungen sorgen, die uns guttun. Die meisten Menschen, die an einem Burn-out leiden, sind nicht nur oder in erster Linie an zu viel Arbeit, sondern vor allem durch Konflikte und ungeklärte Beziehungen emotional ausgebrannt. Der Blick auf den wöchentlichen Terminkalender sollte darum auch die Frage beantworten: Welche Begegnungen und Gespräche werden Kraft kosten, welche werden mir neue Kraft verleihen?

c) Wir können die Beziehung zu unserem Auftraggeber und Herrn pflegen. Um die Berufung klarzuhalten und geistlich gesund zu bleiben, brauchen wir die Beziehungspflege zu unserem Herrn. Weil Jesus und nicht irgendein Mensch der wirkliche Auftraggeber für jeden geistlichen Dienst ist, gehört die Beziehungspflege zu Jesus zu unserer Berufung dazu. Wo ich die Beziehung zu Jesus aus dem Auge verliere, verliere ich auch meine Berufung und meine Kraft. Wenn ich mich umgekehrt von Jesus gehalten und geführt weiß, kann ich auch Herausforderungen bewältigen, die weit über meine eigene Kraft hinausgehen.

»Ich, der Herr, mache dich zum Licht der Heiden.«

Christen haben in der Regel eher den Ruf, engstirnig zu sein, als Größe und Weite auszustrahlen. Das hängt auch damit zusammen, dass es uns leichter fällt, uns abzugrenzen, als deutlich herauszustellen, für welche Positionen wir stehen. Dies wird in Krisenzeiten, wie sie der Prophet Jesaja erlebt, in aller Regel noch verstärkt. Eigentlich scheint er an seiner Aufgabe, das Volk Israel zu trösten und auf Gottes Hoffnung hinzuweisen, gescheitert zu sein. Aber Gott feuert seinen Boten nicht, sondern erweitert sogar sein Aufgabengebiet und gibt ihm mit den Heiden die ganze Welt zum Dienstgebiet.

Diese Aufgabenerweiterung soll beim Propheten nicht neuen Druck auslösen. Sie macht vielmehr etwas von der Größe und Weite Gottes deutlich. Wo ich am Ende bin, hören Gottes Möglichkeiten noch lange nicht auf. Mitarbeitern, die sich vor Ort in ein konkretes Problem verbissen haben, tut es gut zu sehen: Gott ist größer als mein Gemeindeproblem. Gott ist auch größer als unser Dorf/unsere Stadt, und er beteiligt mich daran, die ganze Welt für ihn zu gewinnen. Für mich ist es kein neuer Druck, sondern eine echte Ehre, dass Gott mich zu so einer schönen und großen Aufgabe beruft, obwohl er immer wieder Pleiten, Pech und Pannen mit mir erlebt. Ich habe mich schon manchmal gefragt, ob es nicht klüger von Gott gewesen wäre, statt auf Menschen mehr auf die Engel zu setzen. Die scheinen ihm immer zu gehorchen und sind allzeit pünktlich an Ort und Stelle – man denke nur an Weihnachten, wie wunderbar da alles mit dem Engelchor geklappt hat! Trotzdem, Gott hat sich darauf festgelegt, mit uns fehlerhaften Menschen sein Reich zu bauen. Gott bereut seine Berufung nicht. Dafür bin ich ihm sehr dankbar.

Gott ist größer als mein Gemeindeproblem.

E. Persönliche Checkliste zum Thema Berufung

Mir ist wohl bewusst, dass Checklisten die Gefahr bergen, ein Thema mechanisch abzuarbeiten und abzuhaken. Da es beim Thema Berufung um die lebendige Beziehung zu unserem Herrn geht, kann dies nicht Sinn und Zweck der Übung sein. Die vorliegende Checkliste will helfen, den eigenen Berufungsweg nachzuzeichnen sowie mögliche Schwierigkeiten und Lücken aufzeigen. Sie soll im lebendigen Gespräch mit Gott und Menschen ausgefüllt werden.

Die Fragen sind bewusst als Ja-oder-Nein-Fragen formuliert. So kann schnell festgestellt werden, welche Fragen offenbleiben. In der Rubrik Erläuterungen können Erfahrungen konkret festgehalten werden. Unter den Fragen ist noch ein wenig Platz gelassen, um die Antworten mit konkreten Erfahrungen zu belegen oder auch um mögliche konkrete Schritte zu benennen, die weiterhelfen.

Frage	Ja	Nein
1. Haben bei meiner Berufung Personen,	○	○
Erfahrungen,	○	○
Bibelworte eine besondere Rolle gespielt?	○	○
2. War meine Gemeinde in den Prozess der Berufung einbezogen?	○	○

3. Kann mein Berufungsweg eine Orientierungshilfe für den weiteren Dienst sein? ○ ○

4. Kann ich mit einem Satz sagen, was meine Berufung ist? ○ ○

5. Richtet sich mein momentanes Leben nach meiner Berufung aus? ○ ○

6. Habe ich im vergangenen Jahr Bestätigung für meine Berufung erfahren? ○ ○

7. Spielen Ansehen oder Geld eine größere Rolle in meinem Leben als meine Berufung? ○ ○

8. Schiele ich gelegentlich auf andere Menschen und ihre Berufung? ○ ○

9. Gibt es Aufgaben, die ich wahrnehme, die nichts mit meiner Berufung zu tun haben und mich in meinem Dienst behindern? ○ ○

10. Gibt es Menschen, die mich unterstützen könnten, meine Berufung zu leben? ○ ○

11. Gibt es andere Menschen, denen ich helfen kann, ihre Berufung zu entdecken und zu leben? ○ ○

12. Lasse ich mich durch Gottes Berufung noch aus meinen gewohnten Lebensbahnen herausrufen? ○ ○

13. Kann ich etwas in meinem Leben ändern, um Gottes Berufung den Platz zu geben, den sie verdient? ○ ○

Auswertung:

Bei den Fragen 1–6 und 10–12 gibt es für die Antwort Ja je 1 Punkt, für die Antwort Nein 0 Punkte. Bei den Fragen 7–9 und 13 gibt es für die Antwort Nein je 1 Punkt und für die Antwort Ja 0 Punkte. Insgesamt sind max. 15 Punkte zu erreichen. Die folgende Bewertung ist kein abschließendes Urteil, sondern ein erster Rat, wie Sie mit der Frage nach Ihrer Berufung weiter umgehen sollten.

11–15 Punkte: Sie sind offensichtlich auf dem Weg, Gottes Berufung für Ihr Leben nicht nur zu erkennen, sondern auch zu leben. Herzlichen Glückwunsch dazu! Gehen Sie den Weg weiter, den Gott Ihnen gezeigt hat, und haben Sie den Mut, konkrete Fragen und offene Punkte zu klären. Sie haben gut angefangen, bleiben Sie darum nicht stehen.

6–10 Punkte: Gott hat begonnen, in Ihr Leben zu reden und seinen Weg aufzuzeigen, aber Sie haben auch noch einige offene Fragen. Nehmen Sie sich die Zeit, um diese gründlich und unter Gebet zu klären. Beziehen Sie aber auch den Rat von geistlichen Freunden, die Sie gut kennen, mit ein.

0–5 Punkte: Sie wissen noch nicht, was Gott mit Ihrem Leben vorhat. Vielleicht fragen Sie sich: Ob es überhaupt eine Berufung Gottes für mein Leben gibt? Bitte machen Sie sich die Mühe, das Thema Berufung ganz neu für sich persönlich zu bearbeiten. Lesen Sie biblische Berufungsgeschichten und weiterführende Literatur. Suchen Sie das Gespräch mit erfahrenen Christen. Vor allem aber: Lassen Sie nicht mutlos den Kopf hängen – Gott hat auch für Sie eine lohnende Berufung!

Kapitel 3: Einen guten Einstieg finden – wie der Dienstbeginn gelingen kann

Bei Politikern wird nach 100 Tagen eine erste Bilanz ihrer Tätigkeiten gezogen. Im Bereich der Gemeinden und christlichen Werke haben wir meist etwas mehr Geduld, aber nach spätestens einem Jahr haben sich auch hier die Menschen ein Bild von dem neuen Leiter gemacht.

Die meisten leitenden Mitarbeiter starten mit Enthusiasmus und vielen Ideen in ihre neue Aufgabe. Auf eine Frage haben sie aber oftmals keine Antwort: Was ist im wichtigen ersten Jahr dran? Welche der vielen Aufgaben haben Vorrang, welche können warten? Sie erleben sich so wie jener Mann, der in ein Taxi springt und ruft: »Fahren Sie schnell los. Ich hab's eilig.« Als ihn der Taxifahrer fragt: »Wohin soll ich Sie denn fahren?«, entgegnet er nur: »Ist egal, irgendwohin – ich werde überall gebraucht.«

ICH WERDE ÜBERALL GEBRAUCHT!

Jeder kann sich denken, dass diese Haltung nicht dazu dienlich ist, in einem neuen Team Vertrauen aufzubauen und einen geordneten Einstieg zu finden. In seinem Buch *Neu auf dem Chefsessel – Erfolgreich durch die ersten 100 Tage* erläutert Peter Fischer, was die Kennzeichen eines erfolgreichen Starts von Führungskräften sind. Seine Ausführungen sind größtenteils übertragbar auf die Situation von Gemeinden.

Worin unterscheidet sich also ein gelungener von einem misslungenen Einstieg?

Misslungener Einstieg	**Gelungener Einstieg**
▶ Der neue Leiter konzentriert sich zu sehr auf die zu bewältigenden Aufgaben und vernachlässigt die Entwicklung vertrauensvoller Beziehungen. ▶ Er ist Einzelkämpfer. ▶ Er arbeitet an zu vielen Ansätzen gleichzeitig ohne überzeugendes Gesamtkonzept. ▶ Er konzentriert sich auf die Beseitigung von Schwachstellen. ▶ Er gibt sich mit undifferenzierten Erwartungen der Gemeindeleitung zufrieden. ▶ Er konzentriert sich einseitig auf Veränderungen und vernachlässigt das Bedürfnis der Mitarbeiter nach Stabilität.	▶ Der neue Leiter erkennt die Schlüsselpersonen und entwickelt zu ihnen vertrauensvolle Beziehungen. ▶ Er arbeitet teamorientiert. ▶ Er bündelt die Vielzahl der Themen und Probleme zu einer Gesamtsicht und motiviert dadurch die Mitarbeiter. ▶ Er verständigt sich mit der Gemeindeleitung über die Ziele der Arbeit und kommuniziert diese in die Gemeinde hinein. ▶ Er passt seinen Leitungsstil an die neue Situation an und ist kritikfähig. ▶ Er hat einen Plan davon, wie sein Einstieg verlaufen soll, und vermittelt Sicherheit.

Welche der vielen Aufgaben haben Vorrang, welche können warten?

Weil das Gelingen des Einstiegs also von vielen Faktoren abhängt, ist es gut, diese einzeln zu betrachten.

A. Erwartungen offensiv begegnen

Der Beginn eines neuen Leiters ist immer von einer Fülle von Hoffnungen und Befürchtungen begleitet. Unterschiedliche Gruppierungen haben je eigene Erwartungen, und nicht alle werden direkt ausgesprochen. Im Hinblick auf einen vollamtlichen Mitarbeiter in der Jugend könnten die Erwartungen beispielsweise folgendermaßen aussehen:

Erwartungen der Gemeindeleitung

- Die theologische Linie der Gemeinde teilen und vermitteln.
- Solidarisch sein mit Entscheidungen der Gemeindeleitung.
- Die Jugendarbeit zum Blühen bringen.
- Für Entlastung der Gemeindeleitung sorgen.
- Die Kinder der Gemeindeleitung besonders beachten und zum Glauben führen.

Während die ersten Erwartungen vermutlich direkt geäußert werden, muss man bezweifeln, dass Mitglieder der Gemeindeleitung offen die Erwartung äußern, der neue Leiter möge sich besonders um die eigenen Kinder kümmern. In der Realität sind sie aber enttäuscht, wenn ausgerechnet ihre Kinder keinen Draht zum neuen Leiter finden, selbst wenn die Jugend ansonsten aufblüht. Der neue Leiter sollte diese unausgesprochene Erwartung wahrnehmen und eventuell behutsam ansprechen, wenn an dieser Stelle Probleme entstehen.

Erwartungen der Mitarbeiter

- Neue Ideen und neuer Schwung für die Jugendarbeit.
- Beteiligung bei Entscheidungen.
- Mitarbeiter schulen und in der persönlichen Entwicklung fördern.

- Seelsorge an Jugendlichen.
- Freundschaft und Zeit für persönliche Anliegen anbieten.

Auch hier wird die Erwartung, dass der neue Leiter Freund der Mitarbeiter werden möge, wahrscheinlich nicht explizit geäußert. Sie spielt aber im Alltag eine wesentliche Rolle, weil die freundschaftlichen Beziehungen oft die Schlüsselmotivation für ehrenamtliche Mitarbeiter darstellen.

Erwartungen der Jugendlichen

- Mensch zum Anfassen.
- Offenes Ohr.
- Lebensnahe Verkündigung.
- Gemeinsame Freizeitgestaltung.

In der Regel haben Jugendliche den Mut, ihre eigenen Erwartungen zu äußern. Der neue Leiter wird also direkt mit diesen Erwartungen konfrontiert und muss abstecken, wie weit er sich auch persönlich über den reinen Dienst hinaus etwa in gemeinsame Freizeitaktivitäten einbringen will.

Die Ausführungen zeigen, wie unterschiedlich die Erwartungen der einzelnen Gruppen sind. Es ist wichtig, nicht nur die Erwartung einer Gruppe (zum Beispiel der Gemeindeleitung) im Blick zu haben.

Die meisten unausgesprochenen Erwartungen betreffen die Beziehungsebene. Darum muss diese auch bei insgesamt erfolgreicher Arbeit genau im Auge behalten und thematisiert werden.

Weil Erwartungen sich ständig verändern, müssen sie ständig angeglichen werden. Spätestens gegen Ende des ersten Jahres sollte eine gründliche Auswertung erfolgen. Dabei sollte der neue Leiter sich auch seiner eigenen Erwartungen bewusst sein und sie äußern.

B. Schlüsselbeziehungen entwickeln

Schlüsselpersonen in der Gemeinde sind nicht nur aktuelle Mitarbeiter, sondern auch andere Meinungsmacher wie ehemalige Mitglieder des Leitungskreises, führende Persönlichkeiten in Gemeindefamilien und andere beziehungsstarke Personen.

Nur dann, wenn es dem neuen Leiter gelingt, ein aktiver Part im Beziehungsnetz der Gemeinde zu sein, hat er eine Chance, auch größere Veränderungen zu initiieren. Dabei erwartet die Gemeinde vom neuen Leiter, dass er auf sie zugeht – nicht umgekehrt.

Wichtig ist also, dass die Zeit des neuen Leiters nicht nur für Aufgaben und Projekte verplant wird, sondern gezielt für den Aufbau und die Pflege von Beziehungen. Da Gemeinden noch viel stärker als Unternehmen beziehungsorientiert »funktionieren«, muss insbesondere im ersten Jahr die Grundregel gelten: Beziehungen gehen vor Aufgaben. Die Bedeutung von Hausbesuchen sei in diesem Zusammenhang erwähnt. Sie spielen in den meisten Büchern über Gemeindeaufbau heute kaum noch eine Rolle. Da die meisten deutschen Gemeinden aber eher klein und beziehungsorientiert als groß und auftragsorientiert sind, haben sie bei uns nach wie vor eine wichtige Funktion. Es ist neuen Leitern zu raten, hier am Anfang viel zu investieren. Die alte Faustregel für Pastoren, im ersten Jahr an einem neuen Dienstort möglichst nichts zu verändern, hat hier ihren Grund: Der Pastor soll zunächst die Gemeinde gut kennen lernen und keine voreiligen Veränderungen vornehmen. Viele neue Leiter müssen heute zwar auch im ersten Jahr bereits wichtige Veränderungen vornehmen, weil etwa in Konflikten Entscheidungen zu treffen sind oder Veränderungen bereits von anderen eingeleitet worden sind. Die Grundregel, sich mit Veränderungen im ersten

Beziehungen gehen vor Aufgaben.

Dienstjahr zurückzuhalten und Beziehungen vor Aufgaben zu stellen, hat aber ihre Bedeutung behalten.

Weil Beziehungen in der Gemeinde so wichtig sind, sollte ein neuer Leiter folgende Beziehungsfehler unbedingt vermeiden:

- Enttäuschte Mitarbeiter und Gemeindeglieder links liegen lassen.
- Sich kritisch über den Vorgänger äußern.
- Gespräche am Rande für Zeitverschwendung halten.
- Sich nur auf die Aufgaben konzentrieren.
- Die eigenen Fähigkeiten in den Vordergrund stellen.

C. Ausgangslage analysieren

Wenn der neue Leiter erst einmal in seiner neuen Aufgabe steckt, wird er schnell feststellen, dass die Innenansicht anders ist als die Außenansicht. Die wichtige Frage lautet: Wie bekomme ich ein möglichst objektives Bild von der Gemeinde? Was muss ich wissen, um Entscheidungen für die Zukunft treffen zu können?

1. Regeln und Selbstverständnis

Jede Organisation hat eigene ausgesprochene und unausgesprochene Regeln. Während sich ausgesprochene Regeln leicht in Satzungen, Leitbildern etc. nachlesen lassen, sind die unausgesprochenen schwierig zu ermitteln. Man findet sie meist durch stille Beobachtung der Menschen sowie durch Besuche und Gespräche am Kaffeetisch.

Der neue Leiter tut gut daran, möglichst viele Menschen nach ihrer aktuellen Sicht der Lage und nach den bedeutenden Geschichten der Vergangenheit zu fragen. Aus der Schnittmenge der vielen Berichte lassen sich Selbstverständnis und Regeln einer Gemeinde oft getreuer nachzeichnen als aus Hochglanzbroschüren und Internetauftritt.

Während in vielen Gemeindeleitbildern zum Beispiel der Missionsauftrag hoch angesiedelt ist, zeigt die Realität, dass verwandtschaftliche Beziehungen oder Traditionen oft einen höheren Stellenwert haben. Die Analyse muss die tatsächliche Situation und nicht das Wunschbild der Gemeinde aufzeigen.

2. Die Themen

Die wichtigen Themen einer Gemeinde stehen nur teilweise auf den Tagesordnungen der Gemeindeleitungen und Mitgliederversammlungen. Zum anderen Teil zeigen sie sich in den informellen Gesprächen nach dem Gottesdienst oder bei privaten Begegnungen. Insbesondere nicht verarbeitete Konflikte oder auch kritische Stellungnahmen über bestimmte Projekte sowie der Einfluss von Meinungsmachern sind eher auf diesem Weg zu erkennen. Der neue Leiter sollte sich zwar nicht von informellen Gruppen oder Meinungsmachern vereinnahmen lassen, aber er sollte wahrnehmen, welches die Themen sind, die seine Gruppe wirklich bewegen.[17]

3. Die Fakten

Es ist immer wieder erstaunlich, wie sehr Gemeinden Fakten und Tatsachen verdrängen können. Es gibt Gemeinden, die sich als wachsende Gemeinde bezeichnen, obwohl seit über zehn Jahren Gottesdienstbesuch und Mitgliederzahl rückläufig sind. Da wird einem neuen Jugendpastor gesagt, dass die Gemeinde über fünfzig Jugendliche hat, aber zu den Jugendveranstaltungen kommen gerade noch zehn Getreue.

---

17 Ein positives Beispiel finden wir dazu in Apostelgeschichte 6, wo die Apostel die kritischen Äußerungen zum Thema Witwenversorgung wahrnehmen und auf die offizielle Tagesordnung setzen. Sie waren mit ihrem Ohr dicht genug an der Gemeinde, um deren Unmut zu hören. Sie waren auch nicht so kritikscheu, dass sie eine offene Aussprache zu diesem Thema vermieden hätten.

Nun ist es kein Stigma, wenn eine Gemeinde klein ist oder eine rückläufige Mitgliederzahl hat. Aber der neue Leiter und die Gemeindeleitung müssen sich der Realität stellen, wie sie ist, nicht, wie sie sie gern hätten. Darum muss der neue Leiter manchmal auch gegen Widerstand den Mut aufbringen, offizielle Zahlen über Gottesdienstbesuch, Mitgliederzahl, Finanzkraft und Ähnliches zu erfragen und aufzubereiten, damit die Gemeinde sich der Realität stellt.

> Es ist immer wieder erstaunlich, wie sehr Gemeinden Fakten und Tatsachen verdrängen können.

4. Das Innovationspotenzial

Etliche Gemeinden schätzen auch das eigene Potenzial zu Veränderungen falsch ein. Sie stellen sich gern als flexibel und offen dar – bis das erste Mal der Gottesdienstablauf verändert oder ein neues Konzept für Kleingruppen eingeführt wird. Fischer führt folgende Kennzeichen eines positiven Veränderungsklimas an[18]:

- Vertrauen in die eigenen Fähigkeiten
- Blick nach vorne
- offene Kommunikation über Fehler und Misserfolge
- Fähigkeit, Erfolge wahrzunehmen und zu feiern
- Respekt vor unterschiedlichen Erfahrungen und Sichtweisen
- langfristige Zeitorientierung
- Geduld und Flexibilität

Wo das Veränderungsklima in einer Gemeinde negativ ist, können dementsprechend auch nur wenige oder gar keine Veränderungen vorgenommen werden. Aufgabe eines neuen Leiters wäre es dann nicht, gegen die Stimmung in der Ge-

---

18 Fischer, Neu auf dem Chefsessel, Teil I, Baustein 3: Die Ausgangssituation konstruktiv analysieren.

meinde Veränderungen durchzuziehen, sondern an einer Verbesserung des Veränderungsklimas zu arbeiten. In der Praxis zeigt sich, dass es weiser ist, wenn der neue Leiter nicht in erster Linie selbst Veränderungen initiiert, sondern es anderen Mitarbeitern ermöglicht, ihre lang gehegten Ideen und Träume zu verwirklichen. Erstens kennen diese Mitarbeiter die Situation länger und vermutlich besser, zum anderen sind sie motivierter, wenn sie an den Veränderungen arbeiten, die sie selbst angestoßen haben.

5. Die Ressourcen

Es ist wichtig, dass ein neuer Leiter sich ein eigenes Urteil über die Ressourcen der Gemeinde bildet, da sowohl Unter- wie auch Übertreibungen an der Tagesordnung sind. Neben der Finanzkraft und Mitgliederentwicklung muss er sich insbesondere über die aktiven und potenziellen Mitarbeiter ein Urteil bilden:

- die Anzahl
- die Begabungen und Begrenzungen
- die Einsatzbereitschaft
- die geistliche Qualität

Eine gründliche Analyse dieser unterschiedlichen Felder der Gemeindearbeit ist in jedem Fall notwendig, damit der neue Leiter sich nicht vorschnell auf beliebige Probleme stürzt, die ihm angeboten werden. Er könnte sich beispielsweise an alten Beziehungskonflikten die Zähne ausbeißen, ohne die Gemeinde als ganze voranzubringen. In jedem Fall sollte er nachfragen, was schon alles unternommen wurde, um zu einer Problemlösung zu gelangen, da es überall Menschen gibt, die gern eine ganze Armee von Leitern mit ihrem Lieblingsproblem beschäftigen würden. Aus diesem Grund ist beim Start die enge Kommunikation mit der Gemeindeleitung so wichtig.

Die Analyse der Gemeindesituation ist bereits der Start, um neue Beziehungen zu bauen, erste Ermutigungen auszuteilen und die Vorstellung der eigenen Ziele vorzubereiten. Auch bei einer ernüchternden Analyse gibt es anhand des Evangeliums immer eine hoffnungsvolle Perspektive für die Arbeit in Gottes Reich. Diese positive Sicht persönlich zu gewinnen ist eine wesentliche Aufgabe des neuen Leiters, damit nicht gleich der erste Frust die Einsatzbereitschaft ersticken kann.

Als neuer Leiter ist es gut, alles über die neue Aufgabe und die neuen Menschen zu lernen, was einem zwischen die Finger und zu Ohren kommt. Am besten ist es, die neuen Menschen, ihre Kultur und Gewohnheiten, ihre Sprache und Regeln mit Herz und Verstand aufzusaugen. Nichts anderes meint Paulus, wenn er schreibt (1. Korinther 9,22): *»Wenn ich mit Menschen zu tun hatte, deren Glaube noch schwach war, wurde ich wie sie und machte von meiner Freiheit keinen Gebrauch – nur um sie für Christus zu gewinnen. Ich stellte mich allen gleich, um überall wenigstens einige zu retten.«*

Solch radikale Anpassung ist nicht nur in der Außenmission, sondern ebenso in den meisten Gemeinden Deutschlands nötig.

D. Motivierende Ziele entwickeln

Bevor Mitarbeiter sich auf Veränderungen und neue Ziele einlassen, möchten sie gern als Person von ihren Leitern wahrgenommen, quasi erobert werden. Die Mitarbeiter haben dabei folgende Fragen an den Leiter:

- Wie lange bleibst du? Lohnt es sich überhaupt, sich auf dich und deine neuen Ideen einzulassen?
- Was machst du in deiner Freizeit? Bist du ein Mensch, der hier ganz normal als Mensch lebt, oder ein geistlicher

Überflieger, der bald seine unsanfte Landung erleben wird?

- Was hast du bisher gemacht? Welche Erfahrungen hast du gesammelt? Hast du dich bewährt?
- Was genau hast du vor? Was wird sich für mich ändern?

Solange der Leiter diese Antworten schuldig bleibt, werden seine Mitarbeiter ihm nicht bei seinen großen Visionen folgen. Beziehungen gehen auch vor Visionen!

Bei der Entwicklung und Darstellung von Zielen sollte ein neuer Leiter darauf achten, auf je drei Veränderungsziele mindestens ein Stabilitätsziel zu formulieren. Nur so kann die nötige Sicherheit und damit ein positives Veränderungsklima erzeugt werden.

Mehr als drei bis fünf Schwerpunkte wiederum lassen sich in der Regel nicht zu einem schlüssigen Konzept bündeln. Darum ist es wichtig, sich auf zentrale Ziele zu verständigen. Ein Weg dazu ist, zunächst alle Probleme auf eine große Liste zu schreiben, gemeinsam zu überlegen, wie sie miteinander zusammenhängen, um abschließend Ziele zu formulieren.

In der Methodik, mit der die Ziele erreicht werden sollen, ist Offenheit für die Ideen der Mitarbeiter und Gemeinde unentbehrlich. Jemand, der eine Vision besitzt, beschreibt nicht in erster Linie den Weg, sondern zuerst das Ziel. An dieser Stelle lohnt es sich, noch einmal auf das Antoine de Saint-Exupéry zugeschriebene Wort zu hören: *»Wenn du ein Schiff bauen willst, so trommle nicht Männer zusammen, um Holz zu beschaffen, Werkzeuge vorzubereiten, Aufgaben zu vergeben und die Arbeit einzuteilen, sondern lehre die Männer die Sehnsucht nach dem weiten endlosen Meer.«*

Beziehungen gehen auch vor Visionen!

E. Kritik zulassen

Wer Veränderungen bewirken will, muss mit Skepsis und Kritik rechnen. Am Umgang mit Kritik entscheidet sich oftmals, ob es bei Veränderungsprozessen zu großen Krisen kommt oder die Mehrheit der Gruppe für einen neuen Kurs gewonnen werden kann.

Der neue Leiter sollte darum …
… Sachkritik nicht persönlich nehmen.
… sich bei Skeptikern für ihr Mitdenken und ihre Offenheit bedanken.
… kritische Anmerkungen in den Veränderungsprozess einarbeiten.
… keine überzogenen Erwartungen an den Veränderungsprozess wecken.
… sich nicht in die Rolle des unverbesserlichen Optimisten drängen lassen.
… trotzdem ruhig und gelassen den eigenen Weg gehen.
… eine sachliche Auswertung der Veränderung mit der Gruppe vornehmen.

Eine einfache Möglichkeit, den Druck aus Veränderungsprozessen zu nehmen, besteht darin, von vornherein eine Probezeit für die geplante Veränderung mit einer anschließenden Auswertung festzulegen. Dies signalisiert, dass die Dinge nicht festgeschrieben werden, sondern Veränderungen auch wieder verändert werden können.

Erfolgreicher Umgang mit Kritik heißt, das Gleichgewicht zwischen der eigenen positiven Grundhaltung und dem Respekt vor einer gewachsenen Skepsis zu halten. Es heißt vor allem, sich nicht einseitig die Rolle des Optimisten zuschreiben zu lassen.

Alteingesessene Mitarbeiter fürchten die Art von Leiter, »der schnell durchgreift und entschlossen handelt« und so die anderen abhängt. Diese Strategie greift in Gruppen mit starken Traditionen und Persönlichkeiten selten. In manchen Fällen, wenn die Gemeindesituation sehr angespannt ist und nur wenig Zeit bleibt, die notwendigen Veränderungen zu vollziehen, hat man keine andere Wahl. In den meisten Fällen ist man jedoch gut beraten, wenn man »den Boden pflügt, bevor man sät«. Die Reibungsverluste sind wesentlich geringer und der Ertrag wesentlich höher.

Der Start neuer Leiter ist gerade beim Thema Kritik mit großen Chancen verbunden. Während langjährige Leiter in der Gefahr stehen, automatisch die Kritiker ruhigzustellen, kann der neue Leiter hier eine andere Kommunikationskultur einführen. Die Glaubwürdigkeit ist dabei allerdings wichtiger als großartige Anfangsversprechen. Mit anderen Worten: Die Mitarbeiter werden genau beobachten, wie der neue Leiter reagiert, wenn er selbst in die Schusslinie gerät.

F. Veränderungen wirkungsvoll initiieren

Um Veränderungen wirkungsvoll zu initiieren, ist es wichtig, den richtigen Zeitpunkt zu treffen. Darum hier ein kurzer Überblick über die Phasen, die nötig sind, um nachhaltige Veränderungen zu bewirken:

1. Phase	**2. Phase**	**3. Phase**
▶ Erwartungen kennenlernen ▶ Erste Orientierung in den Sachfragen ▶ Orientierung in den Schlüsselbeziehungen	▶ Informationen beschaffen ▶ Ressourcen stärken ▶ Schlüsselbeziehungen entwickeln ▶ Motivierende Ziele entwerfen	▶ Vision kommunizieren ▶ Startschüsse setzen ▶ Arbeitsaufgaben verteilen

Der Startschuss für nachhaltige Veränderungen kann zum Beispiel durch eine besondere Mitarbeiterversammlung gegeben werden. Hier werden die Erwartungen gepuscht und genaue Anweisungen für die nahe Zukunft gegeben. Ob der Startschuss richtig gesetzt ist, kann der Leiter an folgenden Kriterien erkennen:

Der Ausgangspunkt für Veränderung muss also ein gemeinsam erkanntes Problem sein.

Zeitpunkte für Veränderungen	
Zu früh	**Zu spät**
▶ Ich weiß noch zu wenig über die Gemeinde, ihre Themen und Regeln. ▶ Ich kann noch nicht genau sagen, welche Veränderung zuerst dran ist. ▶ Mein Beziehungsnetzwerk ist noch nicht stark genug, um die gewünschte Veränderung umzusetzen.	▶ Mein Anfangsschwung schwindet. ▶ Ich verliere langsam meinen Bonus als neuer Leiter. ▶ Ich glaube immer weniger, dass sich die Veränderung tatsächlich realisieren lässt.

Da jede Veränderung auch ein Risiko in sich birgt, sollten die verantwortlichen Mitarbeiter sich über die Notwendigkeit einer Veränderung verständigt haben. Der Ausgangspunkt für Veränderung muss also ein gemeinsam erkanntes Problem sein. In Detailfragen über die Veränderung und ihren Prozess darf es dagegen unterschiedliche Auffassungen geben.[19]

19 So kann es z.B. sein, dass ein neuer Jugendpastor Veränderungen im Bereich der Gottesdienstgestaltung plant. Während in Detailfragen etwa hinsichtlich Musikstil und einzelner Gottesdienstelemente gern unterschiedliche Auffassungen vorliegen dürfen, sollte in der Beurteilung des Problems Einigkeit im Leitungskreis herrschen: Wir müssen die Gottesdienste so gestalten, dass sie für junge Menschen attraktiver werden.

Misslingt der Veränderungsprozess, ist dies zunächst kein Beinbruch. Die Problemstellung bleibt, und es muss ein neuer Versuch gemacht werden, um das angestrebte Ziel zu erreichen. Das bereits erwähnte positive Veränderungsklima ist wichtig, weil nur die wenigsten Veränderungen auf Anhieb 100 Prozent Erfolg bringen. Dies wissen die meisten Menschen aus dem Berufs- und Privatleben, es gilt aber genauso für Veränderungen im Bereich der Gemeinde. Aufgrund der hohen emotionalen Bedeutung, die Traditionen zum Beispiel im Bereich der Gottesdienstgestaltung haben, tun sich viele Christen hier besonders schwer und neigen dazu, hier besonders ungeduldig zu sein.

G. Symbolhandlungen nutzen

In der Bibel lesen wir sowohl bei den Propheten des AT als auch bei Jesus von bedeutenden Symbolhandlungen. So haben die Jünger nie vergessen, dass ihr Herr ihnen die Füße wusch, um deutlich zu machen, dass er ihnen dient (Johannes 13).

Neue Leiter haben gute Chancen, durch kleine oder große Symbolhandlungen ihre Werte deutlich zu machen. Hier einige Beispiele:

Abschiedsfeste feiern:

Wenn eine Arbeitsform oder ein Arbeitszweig beendet wird, geht man nicht einfach zur Tagesordnung über, sondern feiert ein Abschiedsfest.

Botschaft: Alte Formen werden geschätzt und gewürdigt.

Mitarbeiter bedienen:

Einige Gemeindeleitungen haben alle Mitarbeiter ihrer Gemeinde zum Essen eingeladen und sie persönlich als Kellner bedient.

Botschaft: Die Gemeindeleitung will ihren Mitarbeitern dienen.

Besuch am Arbeitsplatz:

Der neue Pastor besucht seine Gemeindeglieder am Arbeitsplatz.

Botschaft: Du bist mir nicht nur als Mitarbeiter wichtig, sondern als Mensch.

Mit Namen ansprechen:

Der neue Jugendleiter redet bereits beim zweiten Mal alle seine Jugendlichen mit Namen an.

Botschaft: Der Einzelne ist mir wichtig.

Rollentausch:

Der Leiter übergibt die Andacht und Leitung einer Sitzung einem Mitarbeiter.

Botschaft: Ich bin einer von euch.

Natürlich sind solche Symbolhandlungen nur dann wirksam, wenn sie stimmig in einen Gesamtzusammenhang eingebettet sind. Es nutzt nichts, fremde Symbole einfach zu übernehmen oder einmalige Aktionen zu starten, die ansonsten der Wirklichkeit widersprechen. Wo sie sinnvoll eingesetzt werden, öffnen sie aber den Zugang zu neuen Erkenntnissen und Erfahrungen. Sie machen erlebbar, was ansonsten auch mit vielen Worten nicht erfahren wird. Sie bieten die Chance, Veränderungen positiv einzuleiten.

Fragen zum Weiterdenken:

1. Kenne ich die unterschiedlichen Erwartungen der Gruppen, für die ich verantwortlich bin?

2. Auf welche Erwartungen will ich gern eingehen, welche Erwartungen muss ich enttäuschen?

3. Welches sind die Schlüsselpersonen im neuen Umfeld?

4. Wie kann ich eine Beziehung zu ihnen aufbauen und sie fördern?

5. Neige ich eher dazu, wichtige Beziehungen zu vernachlässigen oder notwendige Ziele aufzugeben?

6. Was hilft mir im Gleichgewicht zu bleiben?

7. Haben wir uns im Leitungskreis auf gemeinsame Ziele und einen gemeinsamen Weg verständigt?

8. Vermitteln wir diese offensiv in unser Umfeld hinein?

9. Lasse ich mich durch Kritik schnell verunsichern?

10. Sammle ich nur »Ja-Sager« um mich herum oder halte ich auch konstruktive Querdenker aus?

11. Wie kann ich lernen, besser mit Kritik umzugehen?

12. Kann ich unterscheiden zwischen den Veränderungen, die mir persönlich wichtig sind, und denen, die für die Gemeinde notwendig sind?

13. Welche Veränderungen sind in der Vergangenheit in der Gemeinde gut gelaufen, welche waren schwierig? Warum?

14. Mit welcher Symbolhandlung könnte ich meine Mitarbeiter positiv überraschen?

Kapitel 4: Krisenfest werden – wie man als Leiter Konflikte erkennen und überleben kann

Viele Christen träumen den Traum einer Gemeinde ohne Konflikte. Sie wünschen sich Beziehungen wie in der Urgemeinde, von der es in Apostelgeschichte 4,32 heißt: *»All die vielen Menschen, die zum Glauben an Jesus gefunden hatten, waren ein Herz und eine Seele.«* Wer sich jedoch näher mit der Apostelgeschichte beschäftigt, wird feststellen, dass bereits die ersten Christen die unterschiedlichsten Konflikte ausgetragen haben. Eine christliche Gemeinschaft zeichnet sich nicht dadurch aus, dass sie von Konflikten verschont bleibt, sondern durch die Art, mit Konflikten umzugehen. Hier haben die leitenden Mitarbeiter eine besondere Verantwortung. Gerade für ihren Dienstbeginn ist es darum wichtig, sich von Konflikten in der Gemeinde nicht überraschen zu lassen, sondern sie geistlich einzuordnen und konstruktiv mit ihnen umzugehen.

A. Die Konfliktstrategien Jesu

Der Amerikaner Leighton Ford führt aus, dass Jesus die Wahl seiner Konfliktstrategie danach auswählte, mit wem er einen Konflikt auszutragen hatte.[20] Eine genaue Bestimmung des Konflikts war also der Beginn eines erfolgreichen Konfliktmanagements. Ford teilt die Konflikte Jesu in folgende vier Kategorien ein[21]:

---

20 Ford, Leiten wie Jesus, S. 402.
21 Ford, S. 402-404.

a. Der *Supra-Konflikt*. Dieser Konflikt spielte sich zwischen Jesus und Satan ab. Bei diesem Konflikt geht es um Wertvorstellungen und Glaubensprinzipien. Er ist seinem Wesen nach fundamental und wird übernatürlich ausgetragen.
b. Der *Contra-Konflikt*. Dieser Konflikt spielte sich mit religiösen (und in der Apostelgeschichte auch mit politischen) Leitern außerhalb der Gemeinde ab. Es geht hier vor allem um die Frage der Macht.
c. Der *Intra-Konflikt*. Dieser Konflikt wurde unter den Jüngern ausgetragen (in der Apostelgeschichte innerhalb der Gemeinde). Hier ging es um Glaubensfragen, Beziehungen, Positionen und um die prinzipielle Gegenüberstellung Status gegen Dienst.
d. Der *Extra-Konflikt*. Konflikt mit Randsiedlern und besonderen Gruppen. Es handelt sich um Konflikte, die keine besondere Bedeutung haben, außer dass sie ständig Zeit und Kraft beanspruchen. Aus diesem Grund weist Jesus in Markus 3,31-35 die Anfragen seiner Familie einfach ab, um sich weiter seiner Aufgabe der Verkündigung zu widmen.

B. Konflikte in der Apostelgeschichte

Die Apostelgeschichte ist ein Lehrbuch dafür, wie die Gemeinde Jesu auch heute noch mit Konflikten umgehen kann. Aus diesem Grund möchte ich zunächst stichwortartig eine Übersicht über eine Auswahl von Konflikten in der Apostelgeschichte geben.

Eine christliche Gemeinschaft zeichnet sich nicht dadurch aus, dass sie von Konflikten verschont bleibt, sondern durch die Art, mit Konflikten umzugehen.

Anlass / Bibelstelle	**Konfliktart**	**Konfliktverhalten/ Konfliktstrategie**	**Ergebnis**
Petrus und Johannes vor dem Hohen Rat 4,1-22	*Contra-Konflikt*	Die Apostel geben dem Druck nicht nach.	Petrus und Johannes werden freigelassen. Die Gemeinde wächst (4,32ff).
Der Betrug von Hananias und Saphira 5,1-11	*Supra-Konflikt*	Petrus deckt den Betrug auf und spricht das göttliche Urteil aus.	Hananias und Saphira fallen tot um. Die Gemeinde ist über Gottes Größe und Heiligkeit erschrocken (5,11).
Erneutes Verhör durch den Hohen Rat 5,17-41	*Contra-Konflikt*	Die Apostel geben dem Druck nicht nach. Gamaliel vermittelt.	Die Apostel werden ausgepeitscht und dann freigelassen. Die Gemeinde wächst (6,1).
Die Wahl der 7 Diakone 6,1-7	*Intra-Konflikt*	Die Apostel beziehen die Gemeinde ein und ändern die Strukturen.	Der Konflikt wird ausgeräumt. Die Gemeinde wächst weiter (6,7).
Der Märtyrertod des Stephanus 6,8-7,60	*Contra-Konflikt*	Stephanus identifiziert sich mit dem Alten Testament, greift aber die Juden an.	Stephanus stirbt. Es setzt die erste größere Christenverfolgung ein.
Verfolgung der Gemeinde durch Paulus 8,1-4	*Contra-Konflikt*	Die Christen fliehen.	Beginn der Mission in Samaria.
Apostelkonzil in Jerusalem 15,1-35	*Intra-Konflikt*	Die Gemeinde Antiochia bittet die Gemeinde in Jerusalem um Vermittlung. Der Gemeindeleiter Jakobus tritt als Vermittler auf.	Es kommt zu einem Kompromiss zwischen den Konfliktparteien. Anschließend geht die Mission unter Heiden weiter (15,36ff).

Beginn der zweiten Missionsreise 15,36-41	*Intra-Konflikt*	Der Konflikt zwischen Paulus und Barnabas eskaliert.	Paulus und Barnabas machen getrennte Missionsreisen.
Paulus treibt einen Dämon aus. 16,16-18	*Supra-Konflikt*	Paulus befiehlt dem Dämon, die Frau zu verlassen.	Die besessene Sklavin verliert ihre Fähigkeit zur Wahrsagerei. Dadurch entsteht ein Konflikt mit dem Besitzer der Sklavin.
Paulus und Silas in Philippi im Gefängnis 16,19-40	*Contra-Konflikt*	Paulus und Silas bezeugen im Gefängnis ihren Glauben. Paulus beruft sich auf sein römisches Bürgerrecht.	Es bleiben neue Christen und Gemeinden zurück. Paulus wird ehrenvoll aus der Stadt verabschiedet.
In Thessalonich und Beröa 17,1-15	*Contra-Konflikt*	Paulus verkündigt das Evangelium unerschrocken, solange es geht.	Paulus muss die Orte verlassen. Es bleiben neue Christen und Gemeinden zurück.
Paulus auf dem Weg nach Rom. Schiffbruch 27	*Extra-Konflikt*	Der Rat von Paulus, nicht weiterzureisen, wird ignoriert. Paulus behält recht.	Paulus gewinnt so Vertrauen und rettet das Leben aller Reisenden.

C. Rückschlüsse für heutige Konflikte in Gemeinden

Wenn wir die Konflikte der Gemeinden in der Apostelgeschichte mit denen in deutschen Gemeinden heute vergleichen, fällt zunächst einmal auf, dass die Zahl der *Contra-Konflikte* mit außergemeindlichen Institutionen (dem Staat und religiösen Gruppierungen) drastisch abgenommen hat. Dies liegt zum einen daran, dass Deutschland ein säkularisierter und toleranter Staat geworden ist. Schon in der Apostelgeschichte sind die Christen mit einem solchen Staat besser zurechtgekommen als mit den fanatischen Juden.[22] Zum anderen ist die Abnahme dieser Konflikte auch eine Anfrage an uns. Die Konflikte entzündeten sich damals an der Auferstehung Jesu und seiner Einzigartigkeit sowie am anderen Lebensstil der Christen. Einerseits waren sie nicht bereit, in eine strenge jüdische Gesetzlichkeit zurückzufallen, andererseits lehnten sie jede Form von Götzendienst ab. Ihre Verkündigung und ihr Lebensstil waren in der damaligen Zeit eine Provokation, die zu Konflikten führte. Diese Konflikte sind durchaus positiv zu sehen, weil sie Menschen dazu führten, nach dem Sinn und Ziel ihres Lebens zu fragen.

Christliche Gemeinden müssen sich heute fragen, ob ihre Verkündigung und ihr Lebensstil zu angepasst sind und ob aus diesem Grund die Konflikte abgenommen haben.

Bei den *Intra-Konflikten* müssen wir zunächst einmal feststellen, dass ein Leben ohne gemeindeinterne Konflikte auch in der Apostelgeschichte eine Illusion ist. Konflikte um strukturelle und kulturelle Fragen der Gemeinde haben ihre Berechtigung. Sie dürfen nicht überspielt oder verdrängt, sondern müssen anhand des Wortes Gottes geistlich geklärt werden.

Vorbildlich ist die Weisheit, mit der in der Apostelgeschichte diese Konflikte angegangen und zu einem zufriedenstellenden Ergebnis geführt werden. Insbesondere die Gemeindeleitungen und Pastoren sind gefragt, Konflikte so anzugehen, dass die Gemeinde nicht an ihnen kaputtgeht, sondern geistlichen Gewinn aus ihnen zieht. Hier ist zum

> Der Auftrag Jesu ist wichtiger als persönliche Sympathie und Antipathie.

22 Diese Freiheit und der äußere Frieden für Christen sind nach 1. Timotheus 2,2f zunächst ein Grund zur Dankbarkeit. Alle auch damals berechtigte Kritik am Staat bleibt demgegenüber zurück.

einen geistliche Autorität gefragt, die fest im Wort Gottes gegründet ist. Zum anderen aber zeigt sich darin ein methodisch geschickter Umgang mit Konflikten.

Auffällig ist weiterhin, dass bei den *Intra-Konflikten* die Beziehungskonflikte nur eine untergeordnete Rolle spielen. Selbst beim Streit zwischen Paulus und Barnabas hat später eine Aussöhnung stattgefunden. Viele Gemeinden leiden heute aber darunter, dass Beziehungskonflikte zwischen einzelnen Personen oder ganzen Familien sich über Jahre und sogar Generationen halten. Dass diese Konflikte das geistliche Wachstum einer Gemeinde nachhaltig hemmen, ist logisch. Wir müssen es lernen, einander wirklich zu vergeben.[23] Nur so kommen wir aus dem »Kreisen um unsere Beziehungskonflikte« heraus. Der Auftrag Jesu ist wichtiger als persönliche Sympathie und Antipathie.

Bei den *Supra-Konflikten* stellt sich auf den ersten Blick die Frage, ob sie in normalen evangelikalen Gemeinden überhaupt vorkommen. Ein Argument dafür kann sein, dass wir heute nicht so sehr vor neuen geistlichen Einschnitten stehen wie zur Zeit der Apostelgeschichte. Doch das wäre als Erklärung zu wenig. Mein Eindruck ist, dass Satan einfach seine Taktik geändert hat und es ihm zumindest in Deutschland häufig bereits mit anderen Konfliktarten gelingt, die Gemeinden lahmzulegen. Christian Heinrich Rust schlägt darum vor, bei jedem Konflikt zu fragen:[24]

- Welche Strategie könnte der Widersacher Gottes mit der Konfliktauslösung verfolgen?
- Gibt es dämonische Dimensionen des Konfliktes?

23 Hilfreich ist hier die Ermahnung von Paulus in Kolosser 3,13, einander zu ertragen und zu vergeben. Wenn Christen nicht immer wieder aneinander schuldig würden, wäre diese Ermahnung unnütz gewesen.

24 Heinrich Christian Rust, »Als aber viel Wortwechsel entstanden war …«, in Christsein Heute, Jahrgang 1999, S. 551, Bundes-Verlag Witten.

Aus meiner Sicht sind diese Fragen eine Hilfe, sich den Einfluss Satans bei jeder Konfliktart vor Augen zu führen.[25]

Beim *Extra-Konflikt* ist es bereits auffällig, dass in der ganzen Apostelgeschichte nur ein einziger erwähnt wird. Bei diesem Konflikt setzt Paulus sich zwar nicht durch, aber er gewinnt das Vertrauen von Menschen und fördert so die Sache des Evangeliums. Es gibt in Gemeinden viele *Extra-Konflikte*, die mit dem eigentlichen Auftrag der Gemeinde nichts zu tun haben und doch mehr Raum einnehmen, als sie eigentlich sollten.[26] Oft kommt es auch bei diesen Fragen zu persönlichen Reibereien und kleinen Machtkämpfen, die unnötig sind. Gelegentlich werden außerdem von einzelnen Personen Wünsche oder Beschwerden geäußert, die eine ganze Gemeindeleitung beschäftigen, obwohl sie es eigentlich nicht wert sind. So beschweren sich zum Beispiel einzelne Personen über die Akustik im Gottesdienst, sind aber nicht bereit, ein Hörgerät zu tragen. Andere wollen ein besonderes Programm für ihre Interessengruppe, die aus drei Leuten besteht. Diese Beispiele sind *nicht* erfunden, und noch viele weitere ließen sich an dieser Stelle anführen. Insbesondere die Gemeindeleitung muss hier aufpassen, dass die Beziehungen in der Gemeinde nicht durch *Extra-Konflikte* beschädigt werden und die eigentlichen Ziele der Gemeinde darüber aus dem Blick geraten. Die ersten Christen hatten gelernt, ihre Konflikte so auszutragen, dass die missionarische Kraft des Evangeliums nicht geschwächt, sondern gestärkt wurde.

Wie wohltuend wäre es, wenn wir in unseren Gemeinden Konflikte und ihre Bewältigung nicht danach beurteilten, ob wir persönlich recht oder unrecht bekommen haben oder danach, ob sie Unannehmlichkeiten bereiten oder nicht, son-

---

25 Es gibt im NT viele Aufforderungen, allzeit mit der Macht des Bösen zu rechnen. Erinnert sei z.B. an die geistliche Waffenrüstung in Epheser 6,10ff.

26 Fragen nach Gemeindehausgestaltung, Anschaffung eines Kopierers etc.

dern allein danach, ob sie auf Gottes Wort bauen und der Ausbreitung seines Evangeliums dienen!

Fazit: Die Sache Jesu sollte es einer Gemeinde wert sein, Konflikte auszutragen, die der geistlichen Klärung und der Zielfindung dienen. Außerdem sollten Gemeinden in der Öffentlichkeit stärker und profilierter das Evangelium durch Wort und Tat verkündigen, damit es wieder zum Thema in unserer Gesellschaft wird. Nur so können Menschen wirklich erkennen, was Christsein bedeutet. Wir müssen an dieser Stelle die Konfliktscheu abbauen.

> Die ersten Christen hatten jedenfalls gelernt, ihre Konflikte so auszutragen, dass die missionarische Kraft des Evangeliums nicht geschwächt, sondern gestärkt wurde!

Die vielen persönlichen Konflikte dagegen, die wir uns leider noch immer in den Gemeinden leisten, sind um der Sache Jesu willen abzustellen.

D. Hilfreiche Werkzeuge für die Bewältigung von Konflikten

1. Die Stufen der Konflikteskalation

Dieses Modell wurde von Friedrich Glasl entwickelt, der neun Stufen der Konflikteskalation aufzeigt, und von Peter und Friederike Höher[27] um die erste Stufe des latenten Konflikts ergänzt.

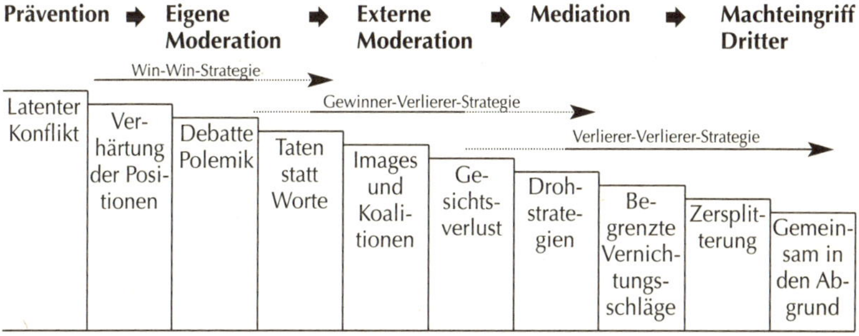

27 Frederike Höher/Klaus Höher, Konfliktmanagement.

Es bietet eine gute Möglichkeit, den Konflikt und seinen möglichen weiteren Verlauf einzuschätzen und die entsprechenden Maßnahmen zu ergreifen, um eine weitere Eskalation zu verhindern.

Höher und Höher zeigen insgesamt 10 Stufen der Konflikteskalation auf:

1. *Latenter Konflikt:* Schlummert manchmal lange in nicht geäußerten Absichten, bis irgendein Anlass den Konflikt auslöst.
2. *Verhärtung der Positionen:* Das Problem wird angesprochen. Die Standpunkte verhärten sich und prallen aufeinander. Nichtverständnis führt zu Verhärtung.
3. *Polarisation und Debatte:* Es findet eine Polarisation im Denken, Fühlen und Wollen statt. Kennzeichen dieser Phase sind Schwarz-Weiß-Denken sowie eine Sichtweise von Überlegenheit und Unterlegenheit.
4. *Taten statt Worte:* Worte helfen nicht mehr.
5. *Imageeinbußen:* Es geht um Gewinn oder Verlust; jeder noch so kleine Gewinn ist wichtig. Klischees werden aufgebaut. Die Sachprobleme treten in den Hintergrund.
6. *Gesichtsverlust:* Es kommt zu öffentlichen/direkten Angriffen. Die Konfliktparteien demütigen sich gegenseitig.
7. *Drohstrategien:* Drohungen und Gegendrohungen nehmen zu. Es geht nur noch um Macht und nicht mehr um eine Zwischenlösung. Ultimaten werden aufgestellt.
8. *Begrenzte Vernichtungsschläge:* Der Gegner wird durch gezielte Schläge in seiner Existenz erschüttert.
9. *Zersplitterung:* Die Vernichtungsaktionen werden heftiger. Es wird versucht, die Macht- und Existenzgrundlage des Gegners zu vernichten.
10. *Gemeinsam in den Abgrund*: Es gibt keinen Weg zurück. Es kommt zur totalen Konfrontation. Die Vernichtung des Gegners zum Preis der Selbstvernichtung wird in Kauf genommen.

Auch wenn man über Details dieser Theorie der Konflikteskalation unterschiedlicher Meinung sein kann, so entschlüsselt sie wichtige Erkenntnisse, die für jeden leitenden Mitarbeiter enorm wichtig sind:

a) Konflikte können eine Eigendynamik entwickeln, die großen Schaden anrichten kann. Leiter müssen in einem Konflikt einschätzen können, welche Maßnahmen zu ergreifen sind. Die Stufen der Konflikteskalation helfen einzuschätzen, wie weit ein Konflikt sich bereits entwickelt hat.
b) Leitende Mitarbeiter in Gemeinden neigen dazu, Konflikte zu lange unter der Decke halten zu wollen und zu spät Hilfe von außen zu holen. Dies hat einerseits damit zu tun, dass manche Christen nach wie vor der Meinung sind, Konflikte dürfe es in christlichen Kreisen nicht geben. Andererseits empfinden manche Leiter es als persönliche Niederlage, dass es ausgerechnet in ihrer Gruppe einen Konflikt gibt. Dies kann dazu führen, dass die Chancen zur konstruktiven Lösung eines Konfliktes verpasst werden. Dann eskaliert der Konflikt, oder Menschen ziehen sich enttäuscht zurück. Besser wäre es, Konflikte sensibel, aber offensiv anzugehen. Nur so kann es gelingen, dass nicht die Konflikte die Leiter steuern, sondern die Leiter die Konflikte.
c) Es gibt allerdings auch Situationen, in denen ein Konflikt nicht mehr konstruktiv gelöst, sondern nur noch begrenzt werden kann und personelle Trennungen unvermeidlich sind. Auch dafür gibt es in der Bibel Beispiele.[28] Insbesondere da, wo keine konstruktive Arbeit an Inhalten oder Beziehungen möglich ist, sondern ein reiner Machtkampf tobt, muss zumindest eine zeitlich befristete Trennung

28 1. Mose 13: Abraham und Lot trennen sich, damit der Streit zwischen ihren Knechten aufhört. Apostelgeschichte 15,35ff: Paulus und Barnabas trennen sich und missionieren doch getrennt weiter.

vollzogen werden. Da es zum Thema »Macht in der Gemeinde« und »Machtmenschen« bereits gute Literatur gibt[29], gehe ich nicht weiter auf dieses Thema ein.

2. Das Harvard-Konzept

Die Autoren Roger Fischer, William Ury und Bruce Patton von der Harvard-Universität führten weltweit Untersuchungen zu Konflikten und Verhandlungen durch. Es ging ihnen um die einfache Frage, wie Menschen Differenzen austragen können, ohne sich zu zerstreiten und ohne dass einer der Verhandlungspartner sich ausgenutzt fühlt. Sie beobachteten dabei, dass viele Menschen sich bei Verhandlungen in einem Dilemma befinden, weil sie zwischen einem weichen Verhandlungsstil schwanken, bei dem sich Menschen hinterher ausgenutzt fühlen, und einem harten Verhandlungsstil, unter dem anschließend die Beziehung leidet.

> Leitende Mitarbeiter in Gemeinden neigen dazu, Konflikte zu lange unter der Decke halten zu wollen und zu spät Hilfe von außen zu holen.

Um diesem Dilemma zu entgehen, entwickelten sie die Methode des sachgerechten Verhandelns. Diese beinhaltet drei Kriterien zur Bewertung einer Verhandlung:

Sie sollte eine vernünftige Übereinkunft zustande bringen.

Sie sollte effizient sein.

Sie sollte das Verhältnis zwischen den Parteien nicht zerstören, sondern verbessern.

Eine Gegenüberstellung von weichem und hartem Verhandlungsstil mit der Methode des sachgerechten Verhandelns bietet folgende Tabelle[30]:

---

29 Harald Petersen, Ohne mich läuft nichts! – Der (un)fromme Hunger nach Macht, R. Brockhaus Verlag. Martina und Volker Kessler, Die Machtfalle – Machtmenschen in der Gemeinde, Brunnen Verlag.

30 Fischer, Das Harvard-Konzept, S. 33.

Weich	*Hart*	*Sachbezogen*
Die Teilnehmer an der Verhandlung sind Freunde. Ziel: Übereinkunft mit der Gegenseite	Die Teilnehmer sind Gegner. Ziel: Sieg über die Gegenseite	Die Teilnehmer sind Problemlöser. Ziel: vernünftiges, effizientes und gütlich erreichtes Ergebnis
Konzessionen werden zur Verbesserung der Beziehung gemacht. Vertrauen zu den anderen	Konzessionen werden als Voraussetzung der Beziehung gefordert. Misstrauen gegenüber den anderen	Menschen und Probleme getrennt behandeln Unabhängig von Vertrauen oder Misstrauen vorgehen
Bereitwillige Änderung der Position Angebote werden unterbreitet Die Verhandlungslinie wird offengelegt Einseitige Zugeständnisse werden um der Übereinkunft willen in Kauf genommen. Bestehen auf einer Übereinkunft Willenskämpfe werden vermieden.	Beharren auf der eigenen Position Drohungen erfolgen Die Verhandlungslinie bleibt verdeckt Einseitige Vorteile werden als Preis für die Übereinkunft gefordert. Bestehen auf der eigenen Position Der Willenskampf muss gewonnen werden.	Konzentration auf Interessen, nicht auf Positionen Interessen erkunden Möglichkeiten für gegenseitigen Nutzen suchen Bestehen auf objektiven Kriterien Ein Ergebnis unabhängig vom jeweiligen Willen zu erreichen suchen
Starkem Druck wird nachgegeben.	Starker Druck wird ausgeübt.	Nur sachliche Argumente zählen. Druck wird nicht nachgegeben.

Das sachgerechte Verhandeln vollzieht sich
in vier Schritten:

1. Menschen und Probleme werden getrennt voneinander behandelt

Den Autoren geht es nicht darum, die menschliche Seite von Verhandlungen auszublenden, sondern die Emotionen des Verhandlungspartners sowie die eigenen bewusst wahrzunehmen, damit sie die Verhandlungen nicht stören. Ein Tipp dazu lautet[31]: »Die beste Strategie ist es wohl, beim Dampfablassen des Gegners ganz ruhig zuzuhören, ohne auf die Angriffe einzugehen, und den Redner gelegentlich zu bitten, doch fortzufahren, bis er fertig ist. Auf diese Weise schütten Sie nicht weiter Öl zu, ermutigen den Redner zur Artikulation und haben kaum oder gar keine Nebenwirkungen zu erwarten.«

2. Den Schwerpunkt der Verhandlung bilden Interessen und nicht Positionen

Die Autoren bezeichnen die Interessen als die eigentlichen Beweggründe hinter den Positionen. Sie fordern dazu auf, mehr über die Ziele zu reden, die man erreichen will, als über die Positionen, von denen man herkommt. Als Beispiel führen sie die Friedensverhandlungen in Camp David 1978 an. Israel bestand darauf, Teile des Sinai zu behalten. Ägypten hielt daran fest, dass der ganze Sinai zurückgegeben werden müsse. Die Positionen schienen unvereinbar. Erst als Israels Interessen sichtbar wurden, die der nationalen Sicherheit galten, wurde ein Kompromiss gefunden: Der Sinai wurde als entmilitarisierte Zone komplett an Ägypten zurückgegeben.

Ähnliche »Verhandlungssituationen« müssen in einer Gemeinde nicht erst konstruiert werden. Da will ein Teil der Ge-

---

31 ebd, S. 58.

meinde vorwiegend neue Lieder singen, um neue Menschen zu erreichen und auch um dem eigenen Frömmigkeitsstil Ausdruck zu geben. Der andere Teil dagegen besteht auf Orgel und Chorälen, weil die neuen Lieder angeblich nicht geistlich genug seien und man schließlich viel Geld für eine gute Orgel ausgegeben habe.

CHORÄLE ODER MODERNE LIEDER?

Oft scheinen sich gerade in der Lieder-Frage Positionen unversöhnlich gegenüberzustehen. Schaut man hinter diese Positionen auf die Interessen, dann geht es den einen meist um eine zeitgemäße Gottesdienstform, die Außenstehende verstehen können, während den anderen Kontinuität und die Bewahrung der Lehre wichtig sind. Ein Kompromiss könnte beispielsweise so aussehen, dass man in einem Gottesdienst beiden Bedürfnissen Rechnung trägt und neue Lieder neben altbewährten Formen ihren Platz finden.

3. Mehrere Entscheidungsmöglichkeiten (Optionen) zum beiderseitigen Vorteil werden entwickelt

Oftmals machen wir uns nicht die Mühe, bei Konflikten unterschiedliche Konfliktlösungen zu erarbeiten. Wir gehen davon aus, dass einfach entweder der eine oder der andere nachgeben muss. Eventuell kann man den Abstand zwischen einzelnen Positionen noch leicht verringern, aber irgendwann muss eine Partei eine Kröte schlucken. So streitet man in einer Gemeinde darüber, wer künftig den Bereich Organisation und Finanzen leiten soll, ob Mitarbeiter A oder Mitarbeiterin B. Beide haben ihre Stärken und Schwächen für die anstehende Aufgabe, aber nur einer kann es werden. Warum nicht eine Alternative entwickeln, in der die bisherige Aufgabe auf eine der beiden Personen zugeschnitten wird, so dass man ein volles Ja zu einer der Personen findet? Warum nicht eine Alternative entwickeln, in der sich ihre Stärken ergänzen und nicht blockieren?

Es kann manchmal länger dauern, mehrere Optionen zur Lösung eines Konfliktes zu entwickeln, aber die Arbeit lohnt sich, weil alle Seiten davon profitieren.

Es kann manchmal länger dauern, mehrere Optionen zur Lösung eines Konfliktes zu entwickeln, aber die Arbeit lohnt sich, weil alle Seiten davon profitieren.

Den Weg zur Entwicklung neuer Optionen beschreibt folgendes Kreisdiagramm[32]:

32 ebd, S. 104.

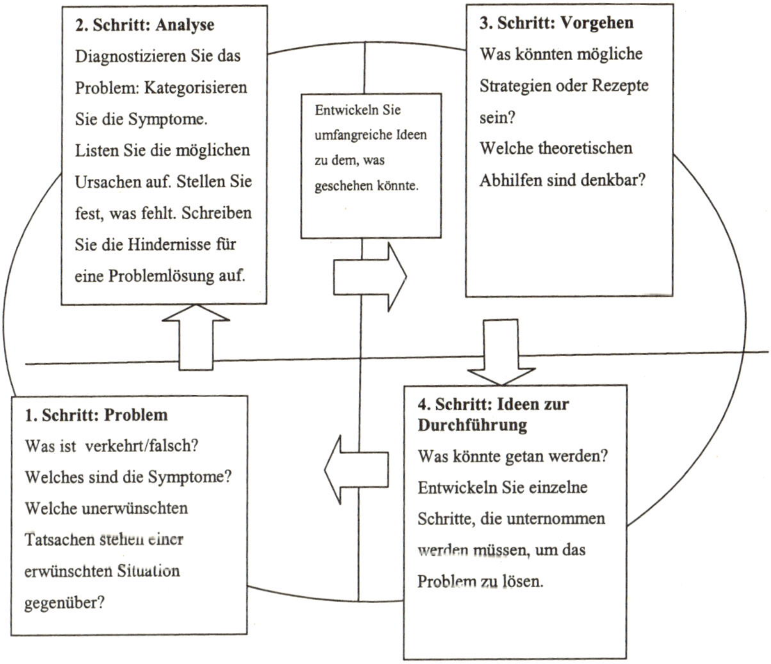

4. Nur neutrale Beurteilungskriterien werden zur Konfliktlösung angewandt

Immer wieder gibt es Menschen, die sich in Konflikten mit Drohungen durchsetzen wollen. Sie drohen mit Rücktritt, einem offenen Konflikt in der Gemeinde oder Ähnlichem. Solche Drohungen dürfen kein Kriterium zur Lösung eines Konflikts sein. Nur neutrale Beurteilungskriterien dürfen entscheidend sein, so zum Beispiel:

- biblische Aussagen oder grundsätzliche Maßstäbe zum Thema
- vergleichbare Entscheidungen in der Geschichte der Gemeinde
- vergleichbare Entscheidungen aus anderen Gemeinden oder christlichen Werken

- Gleichbehandlung mit anderen Personen aus der Gemeinde
- Verhältnismäßigkeit der Kosten
- Lasten der Entscheidungen werden gleichmäßig verteilt
- der Rat eines allgemein respektierten Außenstehenden

Da nur eine sachgerechte Konfliktlösung zu einem dauerhaften Frieden und verbesserten Beziehungen führt, raten Fischer, Ury und Patton eher dazu, eine Lösung platzen zu lassen, als einem faulen Kompromiss zuzustimmen.

Fazit: Das Harvard-Konzept ist kein schnelles Konfliktlösungsprogramm. Es erfordert die Bereitschaft, sich ernsthaft in unterschiedliche Interessen hineinzudenken. Das Harvard-Konzept greift damit letztlich die neutestamentlichen Aufforderungen auf, nicht nur an die eigenen Interessen und Positionen zu denken, sondern das Wohl des anderen zu achten (Philipper 2,4) und soweit möglich mit allen Menschen in Frieden zu leben (Römer 12,18).

Das Harvard-Konzept regt zu kreativen Konfliktlösungen an und bewahrt allzu gutmütige Mitarbeiter davor, sich bei Konflikten ständig ausgenutzt zu fühlen.

3. Das Schichtenmodell

Konflikte und Probleme haben verschiedene Schichten. Das machen wir schon mit unserer Sprache deutlich. Wenn jemand in einem Konflikt sagt: »Das Problem sitzt tiefer«, verbindet sich damit die Vorstellung, dass Probleme immer schwieriger zu lösen sind, je »tiefer« sie sitzen.

Genau dabei setzt das Schichtenmodell an, das von Schmidt und Berg entwickelt wurde[33].

33 Schmidt, Beraten mit Kontakt, S. 158–160.

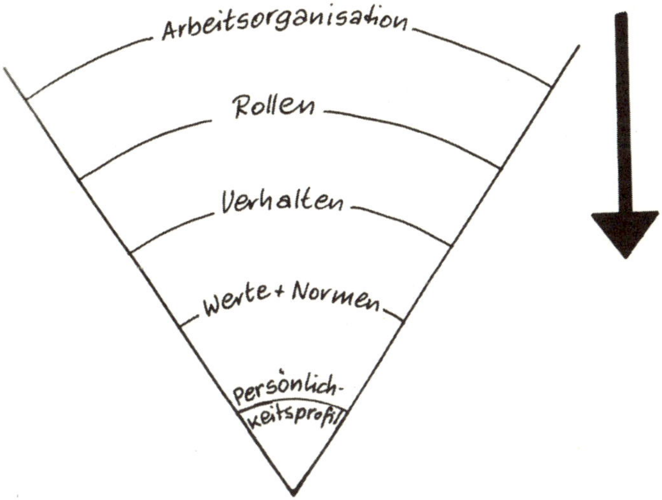

Die Bearbeitung von Problemen beginnt immer auf der Ebene 1 und geschieht von oben nach unten. Sie soll nur so weit nach unten gehen wie unbedingt nötig, da die Probleme auf den unteren Schichten schwerer zu lösen sind als auf den oberen. Wer beispielsweise aus jedem Gottesdienstablauf eine theologische Grundsatzdiskussion macht, muss sich nicht wundern, wenn er sich mit anderen in der Diskussion festbeißt. Im Folgenden werden die einzelnen Schichten durch Stichworte und Fragen erläutert:

1. Schicht: Arbeitsorganisation

Hier geht es um alle Daten und Bedingungen der Mitarbeit: Aufgabenbeschreibung (falls vorhanden), Informationsfluss, Termine, Absprachen, Sitzungen, Bereitstellung von Hilfsmitteln, Schulungen etc. An welchen Stellen kommt es zu Störungen?

2. Schicht: Rollen

Wer arbeitet wie mit wem zusammen? Wer trägt die Verantwortung? Wer übernimmt welche Rollen bei Sitzungen (Mo-

Wer aus jedem Gottesdienstablauf eine theologische Grundsatzdiskussion macht, muss sich nicht wundern, wenn er sich mit anderen in der Diskussion festbeißt.

deration, Information, Auswertung etc.)? Wie klar sind die Arbeitsaufträge? Wie sind die Kompetenzen verteilt?

3. Schicht: Verhalten

Welcher Leitungsstil wird praktiziert? Passt dieser Stil zur Kultur der Gemeinde? Gibt es unterschiedliche Leitungsstile, die sich gegenseitig lähmen oder miteinander konkurrieren?

Gibt es typische Verhaltensmuster wie Flucht, Rückzug, Krankheit, Schweigen, Abwesenheit, Rücktritt? Gibt es bei Konflikten schnell eine Einteilung in Gewinner und Verlierer?

4. Schicht: Werte und Normen

Sie sind relativ tief in den Einstellungen der Menschen verwurzelt. Oft sind sie unbewusst und werden nicht ausgesprochen. So kann es z. B. Norm in einer Gruppe sein, andere nicht öffentlich in der Gruppe zu kritisieren, sondern höchstens unter vier Augen. Wer als neuer leitender Mitarbeiter diese Norm missachtet, hat schnell das Vertrauen in der Gruppe verspielt. Jeder leitende Mitarbeiter muss sich darum folgende Fragen bei der Analyse von Konflikten stellen: Welche persönlichen Ziele, Überzeugungen, Einstellungen, Lebensregeln und Menschenbilder werden durch welche Werte und Normen in dieser Gruppe/Gemeinde bestimmt?

5. Schicht: Persönlichkeitsprofil

Jeder Mensch hat ein eigenes unverwechselbares Persönlichkeitsprofil. Hier sind die prägenden Merkmale gemeint, die die Besonderheit einer Person kennzeichnen (siehe z.B. DISG-Profil: dominant, initiativ, stetig, gewissenhaft).

Gibt es aufgrund der verschiedenen Persönlichkeitsprofile Unverträglichkeiten, Spannungen, die die Zusammenarbeit erschweren?

Fazit: Das Schichtmodell ist ein anschauliches und schnell greifendes Diagnose-Instrument bei Konflikten. Es bietet aber keine Lösungen an.

4. Mediation: der leitende Mitarbeiter als Mediator

Mediation bedeutet »Vermittlung im Konflikt«. Ziel der Vermittlung ist es, Konflikte in einer konstruktiven Art und Weise zu deeskalieren und so zu bearbeiten, dass eine friedliche Einigung erzielt wird.

Zum Thema Mediation gibt es bereits umfangreiche Literatur und ein großes Angebot an Seminaren und Ausbildungen. Dies hängt mit dem steigenden Bedarf an Vermittlung im Konfliktfall zusammen. Im Rahmen dieses Buches soll es nur um die Frage gehen, inwieweit leitende Mitarbeiter im Konfliktfall als Vermittler/Mediator auftreten können.

Die Besonderheit von Konflikten im Bereich der Gemeinde besteht darin, dass hier die persönlichen Beziehungen aufgrund von verwandtschaftlichen Verflechtungen und Freundschaften einen besonders hohen Stellenwert haben. Für den leitenden Mitarbeiter gilt es aber die persönliche Ebene von der Sachebene zu unterscheiden (siehe Harvard-Konzept). Weil die Gefahr besteht, dass leitende Mitarbeiter im Bereich der Gemeinde sich bei Konflikten mehr von persönlichen Beziehungen als von Sachargumenten leiten lassen, wurde Pastoren früher geraten, keine Freundschaften im Rahmen ihrer Gemeinde aufzubauen. Dies führte aber dazu, dass sie keine authentischen Beziehungen lebten, sondern emotional mit angezogener Handbremse unterwegs waren. Darum war dies mit Sicherheit ein Irrweg.

Wenn leitende Mitarbeiter im Konfliktfall die Rolle des Mediators einnehmen, können sie ihre persönlichen Beziehungen nutzen, ohne sich davon abhängig zu machen.

Worin besteht nun die Rolle des Mediators? Dulabaum kennzeichnet die Rolle des Mediators durch die »vier As«[34]:

Allparteilichkeit: Ich als Mediator habe das Ziel, beide Konfliktparteien zu unterstützen und neutral zu bleiben. Ich beziehe für keine Seite eine herausgehobene Position, sondern ergreife Partei für beide. Dies ist manchmal sehr schwierig, aber absolut notwendig. In dem Moment, wo die eine oder die andere Person spürt, dass ich mich als Vermittler nur für die andere Person starkmache, ist der ehrliche Austausch vorbei.

Akzeptanz: Ich nehme die beteiligten Personen mit ihren Schwächen und Stärken an. Eventuell bin ich nicht mit allem einverstanden, trotzdem kann ich sie »als Mensch« annehmen und unterstützen.

Anerkennung: Ich nehme diese Person nicht nur an, ich zeige ihr auch, dass ich sie würdige, respektiere und achte. Dies geschieht nicht nur durch Worte, sondern auch durch Blicke und Verhaltensweisen.

Affirmation: Jeder Mensch braucht Affirmation (Bestätigung). Als Mediator kann ich andere bestärken und bestätigen, einen bestimmten Weg zu gehen. Ich kann sie darin bestärken, ihre Gefühle und Zweifel zu sagen, und ihnen zeigen, dass sie als ganze Person von Gott gewollt und geliebt sind.

Der Mediator hat außerdem darauf zu achten, dass sich die beteiligten Konfliktparteien an gewisse Spielregeln halten[35]:

---

34 Dulabaum, Mediation: Das ABC – Die Kunst, in Konflikten erfolgreich zu vermitteln.

35 Ebd.

Mediationsregeln	
Respekt und Toleranz	Die Konfliktparteien erklären sich bereit, einander Respekt und Toleranz entgegenzubringen. Das heißt in erster Linie, dass sie sich ausreden lassen und die Würde des anderen achten.
Freiwilligkeit	Die Konfliktparteien erklären sich bereit, an der Mediation teilzunehmen und zusammenzuarbeiten.
Kooperationsbereitschaft und Eigenverantwortlichkeit	Alle verpflichten sich, aktiv mitzuwirken und sich an die Grundregeln zu halten.
Vertraulichkeit (Vertrauensschutz) und Verschwiegenheit	Das, was gesagt wird, bleibt unter uns und wird nicht weitererzählt.
Offenheit und Ehrlichkeit	Alle sind bereit zu versuchen, ihre Gefühle und Meinungen offen und ehrlich auszudrücken.
Zuhören	Alle erklären sich bereit, sich gegenseitig zuzuhören. Das bedeutet: Wenn eine Person »dran« ist, wird sie nicht durch eine andere Person unterbrochen.
Fairness, keine Beleidigungen oder Handgreiflichkeiten	Das Problem oder den Konflikt angreifen, nicht die Menschen. Beschimpfungen und andere Formen der verbalen oder körperlichen Gewalt werden nicht toleriert.
Zeitmanagement	Alle sind bereit, eine gewisse Zeit für das erste und eventuell nachfolgende Gespräch einzuräumen. Alle wissen, wie viel Zeit zur Verfügung steht und eingeplant werden muss.

Fazit: Das Konzept der Mediation greift zwei wichtige christliche Tugenden auf. Zum einen werden wir aufgefordert, Frieden miteinander zu suchen und zu bewahren (Römer 12,8). Zum anderen sollen wir einander annehmen und mit Respekt begegnen (Römer 12,10 und 15,7). Insofern basiert das Konzept auf christlichen Werten und kann gut im Rahmen der Gemeinde eingesetzt werden. Dennoch ist darauf hinzuweisen, dass Mediation kein Allheilmittel ist, sondern nur dann greift, wenn die Konfliktparteien sich wirklich an die Spielregeln halten wollen. Dies ist auch im Bereich der Gemeinde nicht selbstverständlich.

Wenn der Konflikt zu weit fortgeschritten, Frustration und Verbitterung zu groß sind (siehe »Stufen der Konflikteskalation«), ist eine Mediation nicht mehr möglich.

Ein gemeindeinterner Mediator muss sehr darauf achten, dass er seine Unabhängigkeit bewahrt. Ist er dazu nicht mehr in der Lage, sollte er den Mut haben, die Mediation komplett abzugeben.

E. Als Leiter in Konflikten überleben

Nachdem wir nun einige Werkzeuge angeschaut haben, um Konflikte zu lösen, wollen wir uns der Frage stellen: Wie können wir als leitende Mitarbeiter in Konflikten überleben? Denn genau dies ist die Erfahrung vieler leitender Mitarbeiter, dass sich Konflikte oft nicht ganz schnell lösen lassen und in einer lebendigen Arbeit immer wieder neue Konfliktherde entstehen.

Leitende Mitarbeiter, die in Konflikten bestehen und überleben wollen, müssen fünf Dinge beachten:

1. Realistisch bleiben

Konflikte werden auch in Zukunft zu unserem Dienst dazugehören. Dies liegt nicht nur daran, dass in Gottes Reich sehr unterschiedliche Menschen mitarbeiten, sondern auch daran, dass Satan ein Interesse hat, die Gemeinde durch Konflikte lahmzulegen. Insofern sind Konflikte eine geistliche Herausforderung an leitende Mitarbeiter.

Wo die Begeisterung über Gott verloren geht, wird jeder kleine Einsatz zur mühevollen Großanstrengung.

2. Begeistert bleiben von Gott und seinem Reich

Trotz der Konflikte und Mühe in der Arbeit für Gott bleibt es dabei, dass wir einen wunderbaren Herrn haben und an einer großartigen Aufgabe stehen. Wo die Begeisterung für Gott verloren geht, wird jeder kleine Einsatz zur mühevollen Großanstrengung. Wo die Begeisterung frisch bleibt, trägt sie uns durch dürre Zeiten hindurch.

3. Demütig sein

Konflikte gehen nie ohne Niederlagen ab – gerade für die leitenden Mitarbeiter. Niemand kann von sich behaupten, in Konfliktsituationen immer richtig zu handeln. Konfliktsituationen führen dazu, andere Menschen ungewollt zu verletzen und selbst verletzt zu werden. Diese Dinge kann man nur mit einem demütigen Herzen ertragen, das um seine Schwachheit und Abhängigkeit von Gott weiß. Mose, der in seiner Jugend ein Rebell war, wurde durch die vielen Konflikte, die Gott ihm mit dem Volk Israel zumutete, zum demütigsten Mann seiner Zeit (4. Mose 12,3).

4. Innere Konflikte klären

Konflikte strengen emotional auch deshalb so sehr an, weil sie Defizite in der eigenen Persönlichkeit und unverarbeitete Themen der Biografie aufzeigen. Leitende Mitarbeiter, die ständig mit Konflikten zu tun haben, müssen darum bereit sein, an der eigenen Persönlichkeit und Biografie zu arbeiten. Tun sie dies nicht, blockieren sie sich und andere bei der Lösung von Konflikten. Wer etwa mit dem Thema Minderwertigkeit zu tun hat, muss sich diesem Thema stellen, um in Konfliktsituationen nicht entweder aus Ohnmacht auszurasten oder sich schweigend zurückzuziehen.

5. Rechtzeitig wieder auftanken

Konflikte kosten körperliche, emotionale und geistige Kraft. Wer in Konflikten lebt, muss darum darauf achten, dass er seine Reserven diesbezüglich nicht völlig aufbraucht, sondern von Zeit zu Zeit neu füllt. Leitende Mitarbeiter in Konfliktsituationen sind darum besonders aufgefordert, auf sich selbst zu achten. Als Paulus den Ältesten zu Ephesus nach seiner Abreise schwere Konflikte in der Gemeinde voraussagt, gibt er ihnen darum die Aufforderung mit auf den Weg (Apg 20,28): *»Gebt acht auf euch selbst und auf die ganze Herde.«*

Wie können leitende Mitarbeiter auf sich selbst achten und die notwendige Unterstützung bekommen, die sie langfristig für ihren Dienst und ihre Persönlichkeit brauchen? Um diese Frage wird es im nächsten Kapitel gehen.

Fragen zum Weiterdenken

1. Welche Konflikte beschäftigen mich zur Zeit?

2. Werde ich diese Konflikte mit den bisherigen Mitteln lösen können oder brauche ich Hilfe von außen?

3. Welche Tipps/Modelle zur Bewältigung von Konflikten können mir in meiner Situation besonders helfen?

4. Habe ich ein zu romantisches Bild von Gemeinde oder ist mir bewusst, dass Konflikte auch immer zu einer Gemeinde dazugehören?

5. Was können wir in unserer Gruppe/Gemeinde tun, um Konflikte konstruktiver zu lösen?

6. Was für ein Konflikttyp bin ich?

7. Kehre ich Konflikte schnell unter den Teppich oder gehe ich sie offensiv an?

8. Was mache ich mit Konflikten, die ich von meiner Seite aus nicht lösen kann?

9. Wie gehe ich mit Menschen um, die mir dauerhaft feindlich gesinnt sind, denen ich aber nicht ausweichen kann?

10. Was kann ich tun, um besser mit Konflikten zu leben?

Kapitel 5: Für die nötige Unterstützung sorgen – wie Sie Menschen finden, die Ihnen in Ihrer Entwicklung weiterhelfen

Wer leitende Mitarbeiter aus dem Bereich der Gemeinde fragt, was sie zur eigenen Mitarbeit bewogen hat, wird schnell feststellen, dass oftmals persönliche Beziehungen den Anstoß gegeben haben, um in die Mitarbeit einzusteigen. Da war ein Freund, der um Mithilfe bat, oder eine ältere Person, die einen gezielt angesprochen hat, und man konnte der freundlichen Anfrage einfach kein Nein entgegensetzen.

Persönliche Beziehungen spielen die entscheidende Rolle bei der Motivation zur Mitarbeit. Aber auch für die weitere Entwicklung als leitender Mitarbeiter sind persönliche Beziehungen ausschlaggebend. Dies hat ebenfalls die Wirtschaft entdeckt. Der *Harvard Business Manager* wertet die Fähigkeit, sich geeignete Unterstützung für die persönliche Entwicklung zu suchen, als Merkmal für Führungspotenzial: »Die besten Mentoren werden von ihren Schützlingen sozusagen angeworben. Ein Merkmal für Führungspotenzial ist die Fähigkeit zu erkennen, wer das eigene Leben verändern könnte, diese Person zu umwerben und sie als Mentor für sich zu gewinnen.«[36]

Für leitende Mitarbeiter ergeben sich daraus zwei Schlussfolgerungen:

a) Leitende Mitarbeiter dürfen nicht so überlastet sein, dass sie keine Zeit für persönliche Beziehungen haben.

---

36 Harvard Business Manager, April 2004, Führung, S. 13.

b) Leitende Mitarbeiter müssen die Initiative ergreifen, um Menschen zu finden, die sie in ihrer Entwicklung fördern.

Persönliche Beziehungen spielen die entscheidende Rolle bei der Motivation zur Mitarbeit.

A. Jesu Trainingsprogramm für Mitarbeiter

Wie wir in persönlichen Beziehungen lernen können, sehen wir bei Jesus. Robert J. Redcliffe hat festgestellt, dass in den Evangelien 125 Lernsituationen geschildert werden. Diese Lernsituationen haben immer das Ziel, nicht nur Wissen zu vermitteln, sondern Leben zu verändern. In der Mehrzahl der Situationen ging die Initiative dabei nicht von Jesus aus, sondern Menschen wie Nikodemus oder die Frau am Jakobsbrunnen (Johannes 3 und 4) kamen mit gezielten Fragen zu ihm. Jesus setzte also bei den Fragen der Menschen an und wartete auf ihre Initiative.

Craig Ott führt aus[37], dass Jesus im Zusammenleben mit seinen Jüngern ein gezieltes Trainingsprogramm verfolgte, das die unterschiedlichen Lernbereiche abdeckt.

affektiver Lernbereich

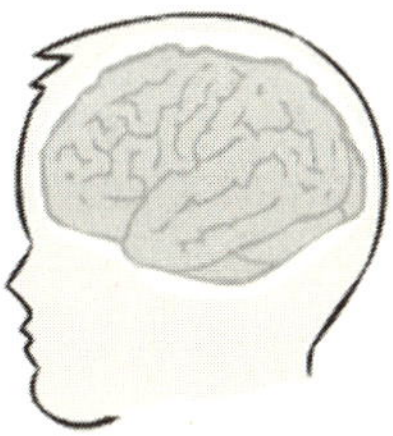

kognitiver Lernbereich

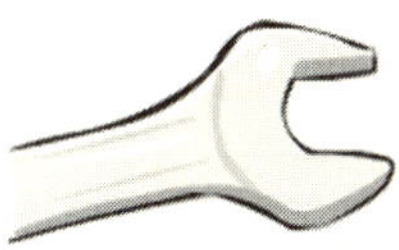

pragmatischer Lernbereich

37 Ott, Das Trainingsprogramm für Mitarbeiter, S. 26ff.

1. Affektive Ziele, die die Empfindungen, Einstellungen und charakterlichen Eigenschaften der Jünger betrafen

Jesus will das Vertrauen der Jünger zu ihm stärken. Darum lässt er sie Wunder wie die Sturmstillung (Matthäus 8,23-27) erleben.

Jesus will seine Jünger zu einer dienenden Haltung ermutigen. Darum wäscht er ihnen als ein Vorbild die Füße (Johannes 13).

2. Kognitive Ziele, die den Wissens- und Erkenntnisstand der Jünger betrafen

Jesus erklärt den Jüngern die Gleichnisse, damit sie verstehen, was es mit Gottes Reich auf sich hat (Markus 4,34).

Jesus klärt seine Jünger über seinen Leidensweg auf, damit sie sein Handeln einordnen können (Matthäus 16,21ff).

3. Pragmatische Ziele, die mit praktischen Dienstfähigkeiten zu tun hatten

Jesus sendet seine Jünger aus, um zu predigen und zu heilen. Er gibt ihnen sehr konkrete Anweisungen mit auf den Weg, wie sie sich zu verhalten haben (Lukas 9,1-6). Nach dem Einsatz werden die gesammelten Erfahrungen gemeinsam ausgewertet (Lukas 9,10).

Jesus widmete während seiner dreijährigen öffentlichen Wirksamkeit der Ausbildung seiner Jünger einen großen Teil seiner Zeit und Kraft. Die Ausbildung der Jünger war entscheidend für die Prägung der ersten Gemeinde und die Ausbreitung des Evangeliums:

Dem großen Widerstand in der Verfolgung hätten sie ohne die nötige emotionale und geistliche Stabilität nicht standgehalten (Apostelgeschichte 5,29.40-42).

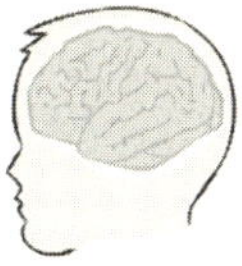

Ohne die gründliche Unterweisung auch im Alten Testament wäre die Lehre der Apostel nicht so durchschlagskräftig gewesen (Apostelgeschichte 2,42).

Ohne das Vorbild seiner Predigt und die Anleitung auch bei Heilungen wäre die Wirksamkeit der Apostel beim Volk nicht so groß gewesen (Apostelgeschichte 2,47 und 4,33).

Eine so umfassende Ausbildung, wie sie die Jünger Jesu erfuhren, war nur möglich, weil Jesus als der Sohn Gottes in allen Bereichen vollkommen war. Er bildete seine Jünger wirklich umfassend aus. Genau darauf müssen wir auch heute bei der Ausbildung von leitenden Mitarbeitern achten. Während sich viele Lehrinhalte heute durch Literatur und gezielte Schulungsmaßnahmen oder Kongresse relativ leicht aneignen lassen, stellen die praktische Umsetzung vor Ort, die geistliche Lebensführung und die Charakterbildung längere Prozesse dar, die eine gute Begleitung brauchen. Zu beachten ist übrigens auch, dass im Anforderungsprofil für leitende Mitarbeiter in 1. Timotheus 3 und Titus 3 das soziale Verhalten, das dem affektiven Lernbereich zuzuordnen ist, stark im Vordergrund steht. Die Entwicklung eines gesunden Charakters erfordert aber intensive persönliche Begleitung.

In meinem eigenen Leben konnte ich dabei feststellen, dass mich in unterschiedlichen Lebensphasen Menschen in unterschiedlichen Bereichen geprägt haben:

- Als Teenager habe ich Einsatzfreude und geistliche Disziplin von einem meiner älteren Brüder gelernt.
- Im Theologiestudium habe ich durch die Begleitung von Dozenten gelernt, intellektuelle Fragen einzuordnen und zu bewältigen.

- Als Jugendpastor konnte ich von einem älteren Kollegen viel darüber lernen, wie er Gemeindedienst und Familienleben miteinander verknüpft hat.
- Als hauptverantwortlicher Gemeindepastor sind mir die Diensterfahrungen eines Kollegen zu einer großen Stütze geworden.

Die Kontakte zu den Bezugspersonen haben sich sehr unterschiedlich ergeben. Während ich einige gezielt gesucht habe, sind andere mir eher zugefallen. Jede Person war wichtig für meine geistliche Entwicklung, und ich wäre ohne sie nicht so weit, wie ich heute bin.

Zeiten, in denen der Glaube stecken bleibt und der Einsatz für Jesus wenig Frucht bringt, können auch damit zusammenhängen, dass uns die nötige Unterstützung fehlt. Leitende Mitarbeiter sind dafür verantwortlich, sich um diese Unterstützung zu bemühen. Oft finden sie die Personen, die sie brauchen, in ihrem Umfeld. Einige kleine Werkzeuge können bereits helfen, solche Beziehungen effektiv zu gestalten. Da es bereits viel Literatur zum Thema Coaching gibt, möchte ich an dieser Stelle nicht auf Fragetechniken oder Ähnliches eingehen, sondern zwei Modelle vorstellen, die sich in meinem Dienst bewährt haben.

Jede Person war wichtig für meine geistliche Entwicklung, und ich wäre ohne sie nicht so weit, wie ich heute bin.

B. Kompetenzbogen für leitende Mitarbeiter

Ein Kompetenzbogen kann bei der Beurteilung von Mitarbeitern eingesetzt werden, zum Beispiel am Ende eines Praktikums oder nach einem Jahr in einem neuen Aufgabenbereich. Wichtig ist, dass es sich bei dem Kompetenzbogen nicht um ein Kontrollinstrument handelt, sondern um ein Hilfsmittel zur persönlichen Weiterentwicklung. Er nutzt darum auch nur dann etwas, wenn die betroffene Person die Beurteilung innerlich akzeptiert und motiviert ist, sich selbst weiterzuentwickeln. Außerdem ist zu beachten, dass Kompetenz nicht zu verwechseln ist mit einer geistlichen Erfolgsgarantie. Möller[38] schreibt zu Recht: »Ich kann die in Jesus Christus geschehene Versöhnung des Menschen mit Gott so handwerklich perfekt und so kompetent wie nur möglich predigen und dennoch die Erfahrung machen, dass ich auf taube Ohren stoße und eine sich ins Schweigen wegduckende Gemeinde zurücklasse.«

Trotz dieser einschränkenden Vorbemerkungen ist der Kompetenzbogen ein in der Praxis bewährtes Instrument in der Entwicklung von Mitarbeitern! Ein Kompetenzbogen für leitende ehrenamtliche Mitarbeiter einer Gemeinde könnte folgendermaßen aussehen:

(Bitte blättern Sie um)

38 Möller, S. 35.

Kompetenzbogen für Petra Mustermitarbeiterin vom xx.xx.xxxx							
Bereich	Bewertung					Mögliche Hilfestellungen	Konkrete Schritte
	++	+	0	–	– –		
Geistliches Leben a. Gebet und persönliche Bibellese b. Persönlichkeit/ Charakter c. Familienverhältnisse d. Einsatzbereitschaft e. Teilnahme am Gemeindeleben							
Lehre a. Bibelkenntnis b. Selbstständige Meinungsbildung c. Urteilsfähigkeit d. Gesprächsfähigkeit							
Leitungsfähigkeit a. Wird als Leiter in der Gemeinde akzeptiert b. Kann Mitarbeiter fördern und begleiten c. Entdeckt neue Mitarbeiter d. Plant und organisiert zuverlässig e. Hat die gesamte Gemeinde im Blick f. Kann Aufgaben delegieren g. Kann Sitzungen effektiv moderieren							

Bereich	Bewertung ++	+	0	–	– –	Mögliche Hilfestellungen	Konkrete Schritte
Teamfähigkeit a. Kann sich in ein Team einordnen b. Hält sich an Absprachen c. Kann sich mitteilen d. Hat richtige Selbsteinschätzung e. Zeigt den nötigen Zeiteinsatz f. Trägt Konflikte konstruktiv aus							
Verkündigung a. Richtige Vermittlung von Lehre b. Rhetorik c. Präsentation d. Gesprächsführung e. Bezug zum Alltag							
Seelsorge a. Zuhören b. Sensibilität/Empathie c. Verschwiegenheit d. Belastbarkeit							
Evangelisation a. Hat Kontakte zu Nichtchristen b. Kann seinen Glauben bezeugen und erklären c. Motiviert andere für Evangelisation							
Nächstes Gespräch vereinbart für yy.yy.yyyy							

Es empfiehlt sich, nicht für alle leitenden Mitarbeiter den gleichen Kompetenzbogen zu verwenden, sondern ihn an das jeweilige Aufgabengebiet anzupassen. Die Bereiche geistliches Leben, Lehre, Leitungsfähigkeit und Teamfähigkeit sollten allerdings mit jedem leitenden Mitarbeiter besprochen werden.

Kein leitender Mitarbeiter muss und kann in allen Bereichen glänzend dastehen. Im Team sollen und können wir einander ergänzen.

Die Bewertung hilft, ein klares Profil im Dienst zu erkennen. Kein leitender Mitarbeiter muss und und in allen Bereichen glänzend dastehen. Im Team sollen und können wir einander ergänzen. Die Bewertung soll darum nicht dem Vergleich dienen, sondern Ansatzpunkte für die weitere persönliche Entwicklung liefern.

Bei den möglichen Hilfestellungen können sehr unterschiedliche Dinge benannt werden: Buchtipps, Fortbildungen, Gespräche, anhaltendes Gebet, Delegieren von Aufgaben u. a. Wichtig ist es, zunächst verschiedene Hilfestellungen aufzuzeigen.

Bei den konkreten Schritten sollten dann einige Maßnahmen verbindlich festgelegt werden. Dabei muss nicht unbedingt bei den Schwächen angesetzt werden. Vielmehr gilt es, gerade auch die Stärken weiter auszubauen. Wo einzelne Schwächen (zum Beispiel in der Selbstorganisation oder im Charakter) den ganzen Dienst gefährden, haben diese natürlich Vorrang. Zu beachten ist, dass nicht zu viele konkrete Schritte benannt werden sollten, diese aber sollten verbindlich angegangen werden. Die Verbindlichkeit kann dadurch erhöht werden, dass direkt ein Folgetermin vereinbart wird, an dem erneut über den Dienst gesprochen wird (beispielsweise in einem halben oder ganzen Jahr).

Besonders empfehlenswert wäre es meines Erachtens, wenn ganze Leitungskreise sich regelmäßig Zeit nehmen, um diesen Kompetenzbogen miteinander durchzuarbeiten. Aber nicht vergessen: Die gegenseitige Hilfe zur persönlichen Entwicklung steht im Vordergrund – nicht der Vergleich!

C. Modell für persönliche Lebensplanung: zielorientiert leben

Das ursprüngliche Modell lernte ich auf einer USA-Reise kennen. Im Original heißt es »Intentional Living«. Im Unterschied zum Kompetenzbogen ist es nicht auf den Dienst konzentriert, sondern beleuchtet alle Lebensbereiche. Daher hat es stärker eine seelsorgerliche Komponente.

»Zielorientiert leben« umfasst vier Schritte:

1. persönliches Lebensmotto formulieren
2. konkrete Ziele für die einzelnen Lebensbereiche für einen konkreten Zeitraum benennen
3. gemeinsame Treffen mit Berichten
4. füreinander beten

Schauen wir uns die einzelnen Schritte genauer an:

1. Persönliches Lebensmotto

Wer zielorientiert leben will, muss ein Ziel oder Motto für sein Leben formulieren. Nun mag man einwenden, dass jeder Christ doch das Ziel hat, mit Jesus zu leben und in den Himmel zu kommen. Dennoch ist es gut und hilfreich, für sich persönlich ein Motto oder Lebensziel zu finden.

Für mich persönlich habe ich Folgendes als Lebensmotto formuliert:

Lust auf Gottes Abenteuer

Einsetzen, was Gott mir gegeben hat

Bleiben in der Abhängigkeit von Jesus

Eingebunden sein in liebevolle Beziehungen

Natürlich und unverkrampft leben

Dieses Motto hängt über meinem Schreibtisch und erinnert mich auch in stressigen Zeiten an das, was mir wirklich wichtig ist.

2. Konkrete Ziele für die einzelnen Lebensbereiche benennen

Vier Lebensbereiche sollen bedacht werden:

Geistliches Leben	→	Beziehung zu Jesus, geistliche Übungen
Familie	→	Beziehung zu Ehepartner, Eltern, Kindern, Geschwistern
Beruf/Dienst	→	Projekte, Perspektiven
Persönlich	→	Hobbys, Fitness, Selbstorganisation

Es empfiehlt sich, die Ziele kurz und übersichtlich auf einem Blatt zu formulieren. Je kürzer der Zeitraum ist, desto konkreter und überschaubarer müssen sie sein. Sinnvoll ist es aber, sowohl kurzfristige (1 Monat) wie auch mittelfristige (1-3 Jahre) und langfristige (ab 4 Jahre) Ziele zu verfolgen.

Für ein Jahr könnte die Zielformulierung folgendermaßen lauten:

Zielorientiert leben im Jahr 2008	
Geistliches Leben • die Bibelkenntnis vertiefen • die Zeiten auf den Autofahrten besser nutzen • die Gaben der Lehre und Leitung vertiefen • »Zielorientiert leben« durchführen	**Familie** • für Höhepunkte im Familienleben sorgen • die Kinder in ihrer • Entwicklung fördern • mehr Zeit zu zweit pflegen
Beruf • beruflich weiterentwickeln • neue Fortbildung anpeilen • für ein gutes Betriebsklima sorgen • Beruf und Freizeit besser trennen	**Persönlich** • Fitness verbessern • 4 Kilo abnehmen • 1 neues Hobby pflegen

Heruntergebrochen auf einen Monat könnte die Zielformulierung folgendermaßen aussehen:

Zielorientiert leben im Januar 2008	
Geistliches Leben • täglich 15 Minuten reservieren für Bibel und Gebet • neue Anbetungs-CD für Autofahrten zum Büro kaufen • Hauskreisleitung für neuen Hauskreis übernehmen • Mitarbeit im Musikteam einschränken oder beenden • Gesprächspartner suchen für »Zielorientiert leben«	**Familie** • Sommerurlaub planen und buchen • mit den Kindern schwimmen gehen • geduldiger werden bei Hausaufgabenbetreuung • einen besonderen Eheabend planen
Beruf • EDV-Projekt abschließen • Fortbildungsmöglichkeiten erkunden und mit Chef besprechen • klärendes Gespräch mit Kollegen angehen • Urlaubsplanung 2008 machen	**Persönlich** • 3 mal wöchentlich 30 Minuten Rad fahren • Abends in der Woche keine Süßigkeiten mehr • Gitarrespielen üben

Die formulierten Ziele betreffen angestrebte Veränderungen oder neue Vorhaben. Dies hat natürlich zur Folge, dass nicht alle bewährten und eingespielten Dinge erwähnt werden (zum Beispiel Hilfe im Haushalt, Teilnahme am Gottesdienst etc.). Eine Gefahr besteht darin, sich durch zu viele Ziele zu überfordern. Darum: Besser weniger konsequent umsetzen, als sich und andere durch zu viele Veränderungsziele gleichzeitig zu frustrieren! Aus diesem Grund muss regelmäßig überprüft werden, in welchem Lebensbereich Dinge heruntergefahren werden können.

3. Gemeinsame Treffen

»Zielorientiert leben« funktioniert nicht allein, sondern nur mit mindestens einer anderen Person. Gespräche sollten mindestens einmal monatlich stattfinden. Die Treffen erziehen dazu, die gefassten Ziele wirklich anzugehen, denn schließlich sind die Gesprächspartner auf die Ergebnisse gespannt.

Die Treffen sollten einfach und kurz gehalten werden (bei zwei Personen 45 Minuten, bei drei 60 Minuten, insgesamt nicht mehr als 4 Personen). Sie stellen keinen Ersatz für eine normale Bibelgruppe dar.

Möglicher Ablauf:

- Rückblick auf die Ziele vom letzten Treffen: Siege benennen, notwendige Korrekturen vornehmen
- Austausch über Ziele für die nächste Zeit: Was ist realistisch? Was könnte man anders angehen?
- Gebet

4. Gebet füreinander

Obwohl es bereits bei den gemeinsamen Treffen erwähnt wurde, sei dem Gebet ein eigener Punkt gewidmet. Leitende Mitarbeiter in der Gemeinde setzen sich für andere ein. Sie schenken anderen Menschen Zuwendung und Aufmerksamkeit in Gesprächen und Gebeten. Manchmal fühlen sie sich selbst vernachlässigt. Wer hört eigentlich mir zu? Wer betet für mich?

> Leitende Mitarbeiter brauchen es, dass andere persönlich für sie beten, damit sie geistlich und emotional auftanken.

Leitende Mitarbeiter brauchen es, dass andere persönlich für sie beten, damit sie geistlich und emotional auftanken. Wir sollten den Mut haben, zu diesem Bedürfnis zu stehen, und darum das persönliche Gebet füreinander neu stärken!

Die vorgestellten Konzepte »Zielorientiert leben« und »Kompetenzbogen« stellen keine Allheilmittel dar. Wahrscheinlich müssen sie auf Ihre konkrete Situation zugeschnitten werden, vielleicht brauchen Sie sogar einen ganz anderen Weg. Wichtig ist aber, dass Sie als leitender Mitarbeiter sich auf den Weg machen, um die Unterstützung von Gott und Menschen zu empfangen, die Sie brauchen. Sie sind es Gott wert!

Fragen zum Weiterdenken

1. Von welchen Menschen habe ich in meinem Leben geistlich gelernt?

2. Was würde mir ohne diese Menschen heute fehlen?

3. Welche Menschen dürfen zur Zeit in mein Leben hineinschauen und mich korrigieren?

4. In welchen Bereichen meines Lebens würde ich mich gern weiterentwickeln?

5. Von welchen Menschen würde ich gern künftig lernen?

6. Was blockiert meine persönliche Entwicklung?

7. Welche Maßnahmen könnten mich in meiner persönlichen Entwicklung voranbringen?

8. Was hindert mich, eine der oben erwähnten Personen zu fragen, ob sie mich für ein Jahr als Mentor begleitet?

9. Wie kann ich genügend Zeit gewinnen, um die Beziehungen zu pflegen, die wichtig sind?

10. Welchen Mitarbeiter könnte ich gezielt in seiner Entwicklung fördern?

Kapitel 6: Josua, der Heerführer Israels – wie Leiter eine lebenslange Perspektive behalten

Immer wieder ist davon zu hören, dass leitende Mitarbeiter im Dienst für Jesus ausbrennen und aussteigen. Solche Meldungen machen betroffen. Sie zeigen, wie sehr leitende Mitarbeiter Ermutigung und Hilfestellung brauchen, um im Dienst für Jesus durchzuhalten. Josua, dem Nachfolger Moses, war es vergönnt, seinen Dienst für Gott nicht nur zu vollenden, sondern gerade im Alter eine große geistige und geistliche Frische an den Tag zu legen. Wir wollen uns anschauen, worin das Geheimnis seines Dienstes lag. Der Aufbau dieser Charakterstudie orientiert sich an Robert Clinton, der viele hundert Biografien geistlicher Leiter studiert hat. Er sieht verschiedene Dienst- und Lebensphasen im Leben dieser Führungsfiguren und kommt zu dem Schluss: »Effektive Leiter betrachten ihre Dienste mehr und mehr von der Perspektive einer Lebenszeit aus.«[39] Die folgenden Ausführungen geben also eine Hilfestellung an die Hand, um ein Gefühl für die eigene Biografie und den Verlauf des Dienstes zu entwickeln.

A. Grundlagen im Leben Josuas

Von Josua berichtet die Bibel zum ersten Mal in 2. Mose 17,9, als Mose Josua auffordert, ein Heer zusammenzustellen, um gegen die Amalekiter zu kämpfen. Aus seiner Vorge-

39 Clinton, Der Werdegang eines Leiters, S. 22.

schichte erfahren wir nur wenige, aber sehr interessante Details:

Josua stammt aus einer Leiterfamilie

Aus 4. Mose 13,3.8 wird ersichtlich, dass Josua aus der Familie des Stammesführers vom Stamm Ephraim kommt. Wir können daraus schließen, dass Josua schon von Kindesbeinen an miterlebt hat, was es heißt, Leitungsverantwortung für einen Stamm des Volkes Israel zu übernehmen.

Mose als Vorbild Josuas

Josua erlebt, wie Gott Mose benutzt, um den ägyptischen Pharao zu demütigen und das Volk Israel aus der Sklaverei zu befreien. Obwohl Josua nach 2. Mose 33,11 beim Auszug aus Ägypten noch ein junger Mann war[40], ist es meines Erachtens sehr wahrscheinlich, dass er von Anfang an bei den Gesprächen Moses mit den Ältesten Israels dabei war, von denen 2. Mose 4,29ff berichtet. Zum einen wird er schon bei den zwölf Kundschaftern in 4. Mose 13 als Stammesführer erwähnt[41], zum anderen erklärt dies auch, wieso Mose ihn als Anführer im Kampf gegen die Amalekiter bestimmt, obwohl Josua bis dahin nicht ein einziges Mal erwähnt wurde. Die enge Beziehung von Mose zu Josua zeigt sich auch darin, dass Mose ihm überhaupt erst den Namen Josua verleiht (4. Mose 13,16), der die Bedeutung hat: Jahwe hilft. Das Vorbild des Mose hat den Glauben und den Leitungsstil Josuas nachhaltig geprägt. Es ist gesund, geistliche Vorbilder zu haben und sich prägen zu lassen.

---

40 Das Große Bibellexikon, S.1152/3, besagt, dass Männer bis 40 Jahre als »Jüngling« bezeichnet werden konnten.

41 Nach 4. Mose 10,11 ist erst ein gutes Jahr seit dem Auszug aus Ägypten vergangen. Die Aussendung der Kundschafter erfolgt wenig später in 4. Mose 13. Josua ist also nicht sehr gealtert, seitdem Mose das Volk Israel anführte. Deshalb kann er sehr gut von Beginn an Stammesfürst gewesen sein.

Josuas große Sehnsucht

> In jedem Mitarbeiter steckt eine tiefe Sehnsucht, die ihn zu seinem Dienst antreibt.

Josua wuchs in Ägypten in der Sklaverei auf und erlebte den schweren Druck, der auf seinem Volk lastete. In 2. Mose 2,23 heißt es dazu: *»So verging eine lange Zeit. Inzwischen war der König von Ägypten gestorben. Aber die Lage der Israeliten hatte sich nicht gebessert. Sie stöhnten unter der Zwangsarbeit und schrien um Hilfe.«*

Josuas ursprünglicher Name Hoschea bedeutet »Rettung« oder »Heil« und drückt die Sehnsucht des ganzen Volkes nach Freiheit aus. Diese Sehnsucht nach Freiheit wurde in sein Herz gepflanzt. So wurde er der Führer Israels, der das Volk in das verheißene Land Kanaan brachte. In jedem Mitarbeiter steckt eine tiefe Sehnsucht, die ihn zu seinem Dienst antreibt. Da ich in einer kleinen Traditionsgemeinde aufgewachsen bin, die immer wieder Sorgen und Nöte mit sich selbst hatte, ist es meine Sehnsucht, solche Gemeinden so zu unterstützen, dass sie blühen und etwas Großes für Gottes Reich bewirken. Die eigene geistliche Sehnsucht zu kennen ist ein sicherer Garant für bleibende geistliche Motivation im Dienst für Jesus.

Josua erlebt Wunder

Josua erlebt das Wunder der zehn Plagen über Ägypten als Strafe für die Unbeugsamkeit des Pharaos. Er erlebt den Durchzug durch das Rote Meer und viele Versorgungswunder in der Wüste als Zeichen der Souveränität und Allmacht Gottes. Dies stärkt sein Vertrauen. Es ist schon auffällig, dass Josua im Unterschied zu anderen Volksgenossen an keiner Stelle Gottes Größe oder seine Verheißungen anzweifelt. Als leitende Mitarbeiter sollen wir uns die Erfahrungen der Hilfe Gottes im eigenen Leben tief einprägen, damit wir ihm in unserem Dienst wirklich vertrauen.

Jeder leitende Mitarbeiter hat grundlegende Erfahrungen gemacht, die den persönlichen Glauben und Dienst geformt haben. Es ist gut, die eigene Prägung zu kennen, weil sie uns einerseits den Zugang zu geistlichen Kraftreserven und persönlichen Stärken öffnet, andererseits auch manche Schwäche erklärt, mit der wir uns auch im fortgeschrittenen Lebensalter noch plagen müssen. Ich will das veranschaulichen: Da ich in einer großen Familie als jüngstes von sieben Kindern aufgewachsen bin, habe ich es früh gelernt, mich in eine Gruppe einzufügen – in so einer großen Familie bleibt einem gar nichts anderes übrig. Da meine Geschwister außerdem teilweise sehr viel älter sind als ich und ich bei Familienfeiern auch auf meine Neffen und Nichten aufpassen sollte, habe ich auch kein Problem mit den unterschiedlichen Altersgruppen. Sowohl die Teamfähigkeit als auch der Umgang mit unterschiedlichen Generationen sind mir in die Wiege gelegt worden. Ich kann auf diese Stärken ohne Probleme zurückgreifen. Natürlich hat so eine Großfamilie auch schwache Seiten. So habe ich aufgrund des »täglichen Überlebenskampfes in der Großfamilie« länger als andere Menschen gebraucht, um die eigenen Gefühle wahrzunehmen und zu ihnen zu stehen. Noch heute muss ich aufpassen, nicht einfach nur zu funktionieren. Das Erkennen der eigenen Prägung hilft aber, die eigenen Schwächen besser zu verstehen und etwas barmherziger mit sich selbst zu werden.

Fragen zum Weiterdenken:

1. Welche Grundlagen hat Jesus in mein Leben gelegt?

2. Welche Prägungen und Erfahrungen kann ich positiv in meinen Dienst einfließen lassen?

3. An welchen Prägungen leide ich und muss an ihnen arbeiten?

B. Das innere Wachstum Josuas

Das Erkennen der eigenen Prägung hilft, die eigenen Schwächen besser zu verstehen und etwas barmherziger mit sich selbst zu werden.

Während wir die Grundlagen des Lebens nicht selbst beeinflussen können, besitzen wir durchaus Einfluss auf die Phase des inneren Wachstums, wie an Josuas Beispiel zu sehen ist.

Bereitschaft zum Gehorsam

Die Bereitschaft zum bedingungslosen Gehorsam bei Josua wird schon bei seinem ersten Auftreten deutlich. Als die Amalekiter gegen das Volk Israel heranrücken (2. Mose 17,8-16), befiehlt Mose Josua, ein Heer aus dem Volk zu rekrutieren und gegen die Amalekiter zu kämpfen. Während der erfahrene Anführer des Volkes selbst auf einem Berg in sicherem Abstand betet, muss der junge Josua in der Schlacht sein Leben riskieren. Eine wirklich ungewöhnliche und logisch nicht erklärbare Kampfstrategie, die Mose verordnet – doch Josua äußert keine Bedenken. Von ihm heißt es schlicht (2. Mose 17,10a): *»Josua tat, was ihm Mose befohlen hatte.«*

Das Volk Israel gewinnt durch die Gebete Moses und den Einsatz Josuas tatsächlich. Die Erfahrung dieses Sieges, den Mose Josua ausdrücklich einprägen soll (2. Mose 17,14), mag mit dazu beigetragen haben, dass Josua zu einem Beispiel an schlichtem Gehorsam wird. Dieser schlichte Gehorsam Gott und auch Menschen gegenüber ist eine wichtige Voraussetzung für die gesunde Entwicklung von Leitern. Als Deutsche wissen wir zwar aus unserer Geschichte, dass Menschen gegenüber nie ein unkritischer Kadavergehorsam geleistet werden darf, dennoch pflichte ich Clinton bei, der schreibt: »Leiter werden verantwortlich sein, bestimmte Gruppen zum Gehorsam gegenüber Gott zu führen. Das werden sie aber nicht schaffen können, wenn sie nicht selbst zuerst Gehorsam gelernt haben.«[42]

42 Clinton, S. 66.

Charakterliche Integrität

Clinton schreibt dazu: »Integrität ist das Herzstück des Charakters.«[43] Wesentliche Charakterzüge Josuas sind an zwei kleinen Beobachtungen zu erkennen:

a) Nach dem militärischen Sieg über die Amalekiter mit Josua als Heerführer wird er nun persönlicher Diener Moses, wie aus 2. Mose 24,13 ersichtlich wird. Er stellt keine Ansprüche aufgrund seines Erfolges, sondern kann ins zweite Glied zurückgehen.[44] Die demütige Haltung Josuas ist hier Voraussetzung für die bestmögliche Ausbildung, die Josua für seine Aufgabe als späterer Führer des Volkes Israel haben kann: Er wird Moses persönlicher Assistent, Mose sein persönlicher Mentor.

b) Josua vertieft sich ins Studium des Gesetzes und ins Gebet. Dazu 2. Mose 33,11b: *»Sein Diener Josua aber, der Sohn Nuns, damals noch ein junger Mann, blieb stets als Hüter im Zelt.«* Gemeint ist das Zelt der Begegnung, in das die Israeliten gingen, um Gott zu suchen. Weil er in seiner Leiterschaft schon früh Zeiten intensiver Stille pflegte, entwickelte sich sein Charakter schnell zum Positiven.

Vertrauen in Gottes Verheißungen

Josua lernt, Gottes Verheißungen mehr zu vertrauen als menschlichen Aussagen und Urteilen. Dies wird in einer kritischen Situation der Wüstenwanderung Israels ersichtlich, nämlich bei der Rückkehr der zwölf Kundschafter aus Kanaan (4. Mose 13,1–14,9). Gott hatte dem Volk Israel die Einnahme dieses Landes und die Vertreibung der Feinde im-

---

43 Clinton, S. 58.

44 Clinton, S. 119, formuliert: »Ein Leiter darf nicht bewusst darauf aus sein, seine Einflusssphäre zu vergrößern, als ob größer auch besser sei.« Er ordnet diesen Lernprozess den Reifeprozessen im Dienst zu. Dies zeigt, welch außergewöhnlich guten Charakter Josua schon sehr früh besaß.

mer wieder versprochen. Die Kundschafter bestätigen bei ihrer Rückkehr zwar die Schönheit des versprochenen Landes, aber sie bestreiten, dass sie es mit Gottes Hilfe einnehmen können: *Wir können es nicht! Das Volk im Land ist viel stärker als wir!*

Die Kundschafter trauen Gott die Verwirklichung seiner Verheißung nicht zu, streuen unter den Israeliten falsche Gerüchte über Kanaan und initiieren einen Aufstand gegen Mose. Als Kaleb und Josua ihnen widersprechen, berufen sie sich auf die von Gott gegebene Verheißung. Vor Empörung zerreißen sie sogar ihre Kleider.

Göttliche Verheißungen widersprechen unseren menschlichen Möglichkeiten und sind doch realer als das, was wir sehen. Josua hat das verstanden. Josua weiß, dass die Erfüllung der Verheißungen Gottes vom Gehorsam gegenüber seinem Wort abhängt. Deshalb warnt er das Volk davor, sich gegen den Herrn zu empören. Auch wenn das Volk Israel nicht auf Josua und Kaleb hört und die vierzigjährige Wüstenwanderung eine harte Strafe darstellt, so zeigt Josua gerade bei diesem Aufstand der Kundschafter, dass er in seinem Glauben stark gewachsen ist. Er besitzt die charakterlichen und geistlichen Fähigkeiten, um das Volk Israel nach Kanaan zu führen.

Fragen zum Weiterdenken:

4. Wie hat sich meine Beziehung zu Jesus entwickelt?

5. Habe ich geistliche Disziplinen wie Gebet und Bibelstudium ausreichend entwickelt?

6. Was kann ich tun, um in meinem Alltag daran zu arbeiten?

7. Welche Charaktereigenschaften behindern mich in meinem Dienst für Gott?

8. Bin ich bereit, Gott an meinem Charakter arbeiten zu lassen? Auch durch Menschen?

9. Bin ich davon überzeugt, dass Gottes Verheißungen auch für mein persönliches Leben gelten?

C. Reifeprozesse im Dienst Josuas

Seine eigentliche Lebensaufgabe erhält Josua von Gott erst, als Mose nach über vierzig Jahren als Führer des Volkes Israel von Gott abberufen wird. An der Grenze zum verheißenen Land erfolgt der Stabwechsel, und Josua bekommt die nicht leichte, aber ehrenvolle Aufgabe, das Volk nach Kanaan zu führen. Da dies nach der langen Zeit als zweiter Mann eine große Herausforderung für ihn darstellt, erhält er von Gott eine doppelte Portion Ermutigung.

Ermutigung

In Josua 1 erhält Josua gleich mehrfach die Zusage der Unterstützung Gottes, was schließlich in der Aussage von Vers 9 gipfelt: *»Ich sage dir noch einmal: Sei mutig und entschlossen! Hab keine Angst und lass dich durch nichts erschrecken, denn ich, der Herr, dein Gott, bin bei dir, wohin du auch gehst!«*

Diese starke Ermutigung erhält Josua, nachdem er bereits von Mose und dem Priester Eleasar vor dem ganzen Volk auf Gottes Anordnung hin eingesegnet worden ist (4. Mose 27,18-21). Das Volk bekräftigt darauf, dass es Josua genauso gehorchen will wie Mose (Josua 1,16-18). Zu den ermutigenden Worten von Gott und Menschen kommen ermutigende Wunder, die Gott ihn erleben lässt (Durchzug durch den Jordan – Josua 3 – und Begegnung mit dem Engel Gottes – Josua 5,13ff), damit er voller Zuversicht an seine große Aufgabe gehen kann. Wir merken, wie gern Gott ermutigt! Natürlich können wir diese Ermutigung nicht einklagen, aber wir haben zumindest die Möglichkeit, sie denen zu geben, die an neuen Aufgaben stehen!

Geistliche Gaben zur Entfaltung bringen

Normalerweise braucht man eine gewisse Zeit, um sich in eine neue Aufgabe einzuarbeiten. Durch die lange Phase als Assistent Moses hatte Josua jedoch ideale Voraussetzungen, seine Leitungsbegabung zu entwickeln. Auch seine militärische Kompetenz hatte er bei den Kämpfen gegen die Amalekiter, der Erkundung Kanaans und den Kämpfen gegen die Könige Sihon und Og (4. Mose 21) bereits in einem hohen Maße ausgebaut. Folgerichtig verlaufen der Übergang über den Jordan sowie die Eroberung Jerichos völlig reibungslos (Josua 2-6). Josua besitzt militärischen Verstand und hört dabei immer wieder genau auf die Anweisungen Gottes. Deshalb findet er selbst bei seinen Feinden Anerkennung, wie Josua 6,27 deutlich macht: *»Der Herr stand Josua bei, und sein Ruhm verbreitete sich im ganzen Land.«*

Rückschläge

Beim Versuch, die kleine Stadt Ai zu erobern, kommt es zu schweren Verlusten (Josua 7+8). Das Volk ist durch die Niederlage zwar entmutigt, aber sie begehren nicht gegen Josua auf. Stattdessen beten Josua und die Ältesten Israels gemeinsam. Nachdem Gott Achans Diebstahl als Grund für die Niederlage aufgezeigt hat und diese Sünde gesühnt wird, schenkt Gott den Sieg über die Stadt Ai. Den Abschluss der Eroberung Ais bildet ein Gottesdienst, in dem das komplette Gesetz Moses

> Rückschläge lehren uns die Gnade Gottes!

feierlich vor dem gesamten Volk verlesen wird. Zu jedem Leben gehören Rückschläge – auch bei Josua.

Als junger Pastor habe ich versucht, so viel zu arbeiten und so gut zu sein, dass ich keine Fehler machte und mir niemand etwas vorwerfen konnte. Ich wollte Rückschläge und Kritik an meiner Person um (fast) jeden Preis vermeiden. Offensichtlich aber können wir Kritik und Rückschläge als leitende Mitarbeiter niemals ganz ausschalten. Sie sind nicht nur Ausdruck der Boshaftigkeit von Menschen, sondern Teil der Erziehungsschule Gottes. Durch Niederlage und Kritik zeigt Gott gerade seinen starken Leuten, wie abhängig sie von ihm sind. Rückschläge und Zeiten, in denen ich nicht besonders gut drauf bin, zeigen mir, dass Gott mich auch dann hält und liebt, wenn ich ihm nichts zu bringen habe. Rückschläge lehren uns die Gnade Gottes!

Beziehungen bauen

Im Umgang mit anderen Menschen und der Leitung des Volkes hat Josua vergleichsweise wenig Konflikte durchzustehen. Vermutlich bewahrheitet sich hier eine These Clintons: »Leiter, denen es schwerfällt, sich einer Autorität unterzuordnen, werden es normalerweise schwer haben, geistliche Autorität auszuüben.«[45] Josua hatte sich vierzig Jahre der Autorität Moses untergeordnet.

Die Folge davon ist, dass er im Umgang mit dem Volk weniger Autoritätsprobleme hatte als Mose selbst. Von schwersten Protesten des Volkes gegen Josua wird nur berichtet, als er mit den elf anderen Stammesoberhäuptern von der Erkundung Kanaans zurückkehrt. Bezeichnenderweise ist Mose zu dieser Zeit noch der Führer des Volkes. Mose, der als junger Mann rebelliert hatte, musste selbst jede Menge Kritik und Rebellion ertragen. Josua dagegen hatte gelernt, durch seine kontinuierliche, unspektakuläre Art das Vertrauen des Volks zu gewinnen.

---

45 Clinton, S. 101.

Fehler eingestehen

Ein deutlicher Führungsfehler unterläuft Josua, als er sich direkt nach dem Sieg über die Stadt Ai von den Gibeonitern hinters Licht führen lässt (Josua 9). Sie täuschen vor, von weit her gereist zu sein, um einen Bund mit Josua zu schließen, obwohl sie tatsächlich in unmittelbarer Nachbarschaft Israels wohnen. Ohne Gott vorher zu befragen, schließt Josua einen Bund mit ihnen. Ihm fehlt an dieser Stelle das feine Gespür dafür, dass hinter dieser unbedeutend wirkenden Anfrage der Gibeoniter die geistliche Herausforderung steht, Gott in wirklich allen Dingen zu vertrauen und zu fragen. An dieser Stelle versagt er. Er zeigt aber seine Größe darin, dass er zu seinem Fehler steht und den Friedensschluss mit den Gibeonitern nicht rückgängig macht, sondern zu den Konsequenzen steht.

BLOSS KEINEN FEHLER ZUGEBEN!

Wo leitende Mitarbeiter klar zu ihren Fehlern und ihrer Schuld stehen und bereit sind Dinge zu korrigieren, steigt in aller Regel ihre Akzeptanz.

Gerade junge leitende Mitarbeiter haben oft Probleme Fehler einzugestehen. Sie befürchten, dies könne gleich zu Beginn ihre Autorität untergraben, aber das Gegenteil ist der Fall. Wo leitende Mitarbeiter klar zu ihren Fehlern und ihrer Schuld stehen und bereit sind Dinge zu korrigieren, steigt in aller Regel ihre Akzeptanz. Wenn leitende Mitarbeiter dagegen für jedes Missgeschick eine Erklärung oder Ausrede haben und ihre Entschuldigungen eher schwammig klingen, wächst das Misstrauen. Fazit: Mutig zu den eigenen Fehlern stehen, aber auch Bereitschaft zeigen, sich künftig anders zu verhalten!

Fragen zum Weiterdenken:

10. Durch welche Bibelstellen oder Erfahrungen hat Gott mich zum Dienst ermutigt?

11. Welche Menschen haben mich zum Dienst ermutigt?

12. Welche Rückschläge habe ich im Dienst erlebt?

13. Was habe ich durch die Rückschläge gelernt?

14. Fällt es mir leicht, vertrauensvolle Beziehungen zu anderen Menschen aufzubauen?

15. Wie gehe ich mit Kritik um?

D. Prozesse der Lebensreife Josuas

Die Zeit der Eroberungskriege war die aktive Zeit des Dienstes Josuas (Josua 1-12). In dieser Zeit war vor allem der Tatendrang des Heerführers gefragt. Danach beginnt die Verteilung des eroberten Landes unter die zwölf Stämme Israels (Josua 13-21). Hier ist der weise Regent Israels gefragt. Auch dieser Aufgabe wird er gerecht, wie einige Beispiele zeigen:

- Als die fünf Töchter Zelofhads ihr Erbteil fordern, setzt Josua zusammen mit dem Priester Eleasar und den Stammesfürsten die Anordnung Moses zu diesem Fall um (Josua 17,3-6). Josua macht sich für die benachteiligten jungen Frauen stark. Er sorgt für die, die es brauchen.
- Als sich der Stamm Josef über sein vermeintlich zu kleines Gebiet beschwert, gibt Josua nicht nach, was sicher die ganze Landverteilung in Frage gestellt hätte (Josua 17,14-18), sondern gibt den Rat, weiteres Land zu erobern und zu roden. Er sichert so die bisher getroffenen Vereinbarungen ab und gibt dem Stamm Josef dennoch eine realistische Perspektive. Sein Vorschlag wird ohne Murren akzeptiert. Josua ist also auch in der Lage, falsche Begehrlichkeiten abzuwehren. Gerade Leiter, die gern fürsorglich sind, tun sich damit schwer. Josua aber tut das Richtige zur jeweils rechten Zeit.
- Als einige Stämme zögern, das bereits eroberte und ihnen zugewiesene Gebiet zu besetzen, ermahnt Josua sie, nun endlich zur Tat zu schreiten. Auch hier findet er Gehör (Josua 18,3-10). Josuas Leitungsstil ist also sehr variabel und somit der jeweiligen Situation angemessen.

Besonders beeindruckend an Josua ist für mich, dass er gegen Ende seines Lebens nicht in seiner Hingabe an Gott nachlässt. Ein starkes geistliches Reifezeugnis dafür sind die drei Abschiedsreden Josuas[46], von denen die Rede am

46 Josua 22,1-9: Verabschiedung der Oststämme zu Schilo; 23,1-16: unbekannter Ort; 24,1-28: Landtag zu Sichem.

Landtag zu Sichem besonders herausragt. In allen drei Reden stellt Josua die Treue Gottes heraus, der alle seine Verheißungen erfüllt hat. In allen drei Reden fordert Josua das Volk zu ungeteiltem Gehorsam Gott gegenüber auf. Die Rede auf dem Landtag zu Sichem ragt dabei heraus:

- Josua gibt das Bekenntnis ab, dass er mit seiner Familie weiterhin Gott dienen will[47], und setzt somit gegen Ende des Lebens sein persönliches Vorbild ein. Diese Treue bis zum Lebensende unterscheidet ihn von vielen späteren Leitern wie Gideon oder Salomo.
- Er fordert das Volk zu einer unmittelbaren Antwort heraus und verpflichtet es erneut auf den Bund mit Gott, wobei er als Symbol dieser Verpflichtung einen Gedenkstein beim Heiligtum errichtet.

Die Treue und Leidenschaft Josuas für Gott und seine Gebote treten gerade in der letzten Rede noch einmal deutlich hervor. Sie drücken Josuas Dienstverständnis aus, welches das Volk noch eine ganze Generation bei Gott halten wird.

Fragen zum Weiterdenken:

16. Für welche Menschen setze ich mich in meinem Dienst besonders ein?

17. Kann ich berechtigte von unberechtigten Erwartungen unterscheiden?

---

47 »Ist es aber übel in euren Augen, dem Herrn zu dienen, dann erwählt euch heute, wem ihr dienen wollt: entweder den Göttern, denen eure Väter gedient haben, als sie (noch) jenseits des Stroms waren, oder den Göttern der Amoriter, in deren Land ihr wohnt! Ich aber und mein Haus, wir wollen dem Herrn dienen!« (Jos 24,15; ELB).

18. Bin ich in der Lage, andere Menschen liebevoll zu korrigieren?

19. Wächst meine Freude an Jesus noch?

20. Ist mir meine Berufung noch klar?

21. Ermutigt mein Leben andere zu einem konsequenten Leben mit Jesus?

E. Josuas Nachklang

Bei manchen Leitern muss man feststellen, dass mit ihrem Tod auch ihr Lebenswerk zerfällt. Dies ist bei Josua anders. Sein Name hat über seinen Tod hinaus einen positiven Nachklang behalten.

Der Segen, den Josua hinterlässt, liegt zum einen darin, dass die Ältesten zur Zeit Josuas ihr ganzes Leben Gott treu bleiben. So heißt es in Josua 24,31: *»Die Israeliten blieben auch nach Josuas Tod dem Herrn treu, solange noch die Ältesten lebten, die alles miterlebt hatten, was der Herr für Israel getan hatte.«*

Josua hat außerdem in der Geschichte Israels seinen Platz als derjenige, der Israel in das verheißene Land Kanaan führte (Apostelgeschichte 7,45). Persönlich beeindruckt mich an Josua am meisten, was er am Lebensende über seinen Dienst und seinen Gott in Josua 23,14 aussagt: *»Ihr seht, meine Zeit ist abgelaufen. Macht es euch klar und nehmt es zu Herzen: Der Herr, euer Gott, hat alle seine Zusagen erfüllt; nichts ist ausgeblieben von all dem Guten, das er euch versprochen hatte; alles ist eingetroffen.«*

Wer am Ende seines Dienstes so von Gott reden kann, hat nicht nur ein gutes Ende gefunden, sondern kann insgesamt auf einen gesegneten Dienst und ein glückliches Leben zurückblicken. Leider gibt es viele ehemalige leitende Mitarbeiter, die verbittert sind, weil sie Verletzungen nicht verarbeitet haben oder weil sie nach ihrer aktiven Zeit nicht mehr so beachtet wurden. Aber sowohl Verletzungen in der aktiven Dienstzeit als auch die geringere öffentliche Wahrnehmung danach lassen sich nicht vermeiden. Wer seinen Dienst aus der Perspektive Josuas betrachtet, also aus dem Blickwinkel von Gottes erfüllten Verheißungen, wird trotz dieser Erfahrung nicht bitter, sondern froh seinen Lebensabend gestalten. Diese innere Haltung hat Josua sich während seines aktiven Dienstes angeeignet. Diese Haltung möchte ich mir aneignen.

Wer am Ende seines Dienstes so von Gott reden kann wie Josua, hat nicht nur ein gutes Ende gefunden, sondern kann insgesamt auf einen gesegneten Dienst und ein glückliches Leben zurückblicken.

Fragen zum Weiterdenken:

22. Was möchte ich anderen Menschen als geistliches Erbe hinterlassen?

23. Gestalte ich meinen Dienst so, dass er bleibende Frucht bringt?

Schauen wir uns nun zusammenfassend die einzelnen Phasen des Dienstes an. Welche Chancen und Risiken bergen sie für leitende Mitarbeiter?

Chancen	*Risiken*
Grundlagen • Erinnerung an die erste Liebe zu Jesus • prägende Glaubenserfahrungen als Ermutigung für den weiteren Dienst	• hängen bleiben an alten Erfahrungen (es muss so sein wie damals) • geistliche Selbstüberschätzung aufgrund guter Grundlagen
Inneres Wachstum • enge Beziehung zu Jesus pflegen • trainieren von geistlichen Übungen • den Charakter formen lassen	• Die größte Gefahr besteht darin, notwendige Phasen des inneren Wachstums auszulassen, weil sie mühsam sind. Dies führt zu unreifen geistlichen Persönlichkeiten, zu unnötigen Konflikten und evtl. zum geistlichen Ausbrennen.
Reifeprozesse im Dienst • Entfaltung der eigenen Gaben • Beteiligung am Reich Gottes • Früchte des Dienstes erleben	• Selbstzweifel durch Rückschläge • Mutlosigkeit • Weigerung, Korrektur anzunehmen • einseitige Betonung des Dienstes auf Kosten der Beziehung zu Jesus
Lebensreife • Erweiterung der Verantwortung für Menschen • den Dienst multiplizieren • stärkere Übereinstimmung von Dienst und Leben	• Streit mit jüngerer Generation • Bitterkeit • vom Glauben abfallen
Nachklang • bleibendes Vorbild für andere Menschen • Teil der Geschichte Gottes • Menschen für die Ewigkeit gewinnen • »Ich bin hier, weil es ihn gab.«	• Der Dienst hinterlässt keine bleibende Frucht. • Negativvorbild für kommende Generationen • »Das Werk verbrennt« (1. Korinther 3,15).

Literatur

Blanchard, Kenneth/Hybels, Bill/Hodges, Phil: Das Jesus-Prinzip – Führen mit biblischer Weisheit. Asslar ^{3}2001.

Clinton, Dr. J. Robert: Der Werdegang eines Leiters – Lektionen und Stufen in der Entwicklung zur Leiterschaft. Greng-Murten (Schweiz) ^{2}1996.

Dulabaum, Nina: Mediation: Das ABC – Die Kunst, in Konflikten erfolgreich zu vermitteln. Weinheim ^{2}2000.

Dünnebeil, Wolfgang: Pastor sein ist auch nicht leicht – Seinen Pastor besser verstehen lernen. Marburg 1995.

Fischer, Peter: Neu auf dem Chefsessel. Erfolgreich durch die ersten 100 Tage. Landsberg ^{3}1997.

Fischer, Roger/Ury, William/Patton, Bruce M.: Das Harvard-Konzept – sachgerecht verhandeln – erfolgreich verhandeln. Frankfurt/New York ^{21}2002.

Ford, Leighton: Leiten wie Jesus – Menschen führen und verändern. Neuhausen 1997.

Guinness, Os: Von Gott berufen – aber zu was? Wissen, für was sich zu leben lohnt. Holzgerlingen 2000.

Höher, Peter und Friederike: Konfliktmanagement. Köln 2004.

Krämer, Sabine und Walter, Klaus-Dieter: Effektives Lehren in der Erwachsenenbildung. Ismaning 1994.

Kröhnert, Steffen/Medicus, Franziska/Klingholz, Reiner: Die demografische Lage der Nation. Wie zukunftsfähig sind Deutschlands Regionen? München 2006.

Malm, Magnus: Gott braucht keine Helden – Mitarbeiter zwischen Rolle und Wahrhaftigkeit. Wuppertal ^{6}2003.

Möller, Christian: Einführung in die Praktische Theologie. Tübingen und Basel 2004.

Ott, Craig: Das Trainingsprogramm für Mitarbeiter. Gießen 1996.

Radcliffe, Robert J.: »Jesus the teacher revisited«, in *Christian Education Journal,* Vol. XVI, No. 1, 85–97. La Mirada (USA) 1995.

Schmidt, Eva Renate/Berg, Hans Georg: Beraten mit Kontakt. Gemeinde- und Organisationsberatung in der Kirche. Offenbach 2002.

Spurgeon, Charles Haddon: Ratschläge für Seelengewinner. Wuppertal 1975.

Lothar Coenen (Hrsg.): Theologisches Begriffslexikon zum Neuen Testament. Wuppertal ^{4}1986.

Wallmann, Johannes: Kirchengeschichte Deutschlands seit der Reformation. Tübingen ^{3}1988.

Thomas Härry
Echt
und
stark
Kraftvoll glauben –
Tiefgang finden
Edition AUFATMEN